냥냥이랑 어휘로
과학 쓱

이은경, 정명숙 지음

초등 3-2

학교는 재미있는데, 수업 시간은 좀 별로예요. 어렵고, 지루하고, 딱딱하고, 답답해요. 공부하기 싫어서 그런 것만은 아닌 것 같아요. 오늘은 열심히 해봐야지, 나도 공부 잘하고 싶어, 라고 굳게 결심한 날에도 수업 시간은 여전히 어렵고, 지루하고, 딱딱하고, 답답하거든요.

대체 나는 왜 이럴까요? 혹시 이런 고민해 본 적 있나요?

수업 시간이 지루하고 힘들어서 빨리 끝나기만을 바라는 우리 친구들의 딱한 표정을 안타깝게 바라보던 냥냥이 친구들이 있었어요. 이 친구들이 모두 모여 오랜 시간 고민한 끝에 드디어 그 이유를 찾아냈지요. 범인은 바로, 교과서 속 어휘! 어휘를 모르니 내용을 이해할 수 없는 거였어요.

우리 친구들이 보는 교과서에는 도저히 무슨 뜻인지 알 수 없는 어휘들이 툭툭 자꾸 튀어나와요. 이제 막 공부라는 것에 도전하려는 우리 친구들에게는 교과서 본문 속 어휘들이 너무나 낯설게 느껴졌을 거예요.

　어휘의 뜻만 미리 알고 있었다면 척척 이해되고 기억되었을 내용인데, 겨우 그것 때문에 지금껏 교과서와 친구가 되지 못했다니 억울할 지경이에요.

　그래서 냥냥이 친구들이 '짠' 하고 나타났어요. 공부를 열심히 해서 시험도 백 점 맞고 싶고, 나만의 소중한 꿈도 이루고 싶고, 오래오래 기억될 훌륭한 사람이 되고 싶은 친구들을 위해 꼭 기억해야 할 어휘를 골라 주고, 설명해 주고, 교과서에서 찾아 주고, 퀴즈도 내줄 거예요. 어휘 공부가 끝나면 새롭게 알게 된 어휘를 내 것으로 만들어 버릴 교재가 기다리고 있으니 활용해 보세요.

　이제 냥냥이가 이끄는 대로 즐겁게 한 발씩 따라가기만 하면 돼요. 그럼 자연스럽게 수업 시간이 만만하고, 즐겁고, 시간이 후딱 지나가는 제법 해볼 만한 도전이 될 거예요.

새롭고 힘찬 새학기의 시작을 응원하며
냥냥이 친구들이 🐾

이 책의 구성과 특징

개념어의 뜻을 설명해 준다.

01 결과

1. 과학 탐구

어떤 원인으로 결말이 생김. 또는 그런 결말의 상태

어휘교실

개념어가 한자어인 경우 그 음과 뜻을 알려 주고, 한자어가 아닌 경우 개념어의 어원이나 유래, 비슷한 말 따위를 알려 준다.

이번 시험 결과가 좋지 않아…….

나도!

結	果
맺을 **결**	열매 **과**

교과서에서 개념어가 사용된 문장을 통해 개념어에 대한 이해를 높인다.

교과서 속 어휘찾기

• 탐구 결과를 정리해서 발표 자료를 만든 다음, 학급 친구들 앞에서 발표를 하였다.

• 탐구 전에 예상한 결과와 실제 결과가 어떻게 다른지 확인한다.

어휘친구 를 부탁해!   결과? 결론? '결' 자로 시작하는 말

😺 결과와 결론은 다른 말이냥? 똑같이 '결' 자가 들어가니까 왠지 비슷한 말 같ᵔ

😺 응, 결과와 결론은 비슷한 말이야. '결'은 '맺는다'라는 뜻을 가지고 있ᵔ
   서 결론은 '어떤 원인으로 인해 맺어지는 마지막 부분'이란 뜻이ᵔ
   들어가는 말에는 또 뭐가 있을까?

😺 결말, 결국! 나 좀 똑똑한 거 같지 않냥?

> 개념어의
> 확장된 의미에 대해
> 알려 주어 개념어만 공부하는
> 것이 아니라 폭넓은 어휘를 학습할
> 수 있게 한다.

 **퀴즈대결**

1. 어떤 원인으로 생긴 결말이나 그런 결말의 상태를 뜻하는 말은?

① 결과   ② 결혼   ③ 결심   ④ 결정

2. 다음 중 같은 뜻으로 쓰인 '결' 자가 <u>아닌</u> 것은?

① 결국   ② 결과   ③ 결론   ④ 결석

> 간단한 형태의 퀴즈를
> 풀며 개념어를 이해했는지
> 확인한다.

어쩌냥의 하루

> 개념어를 사용한 재미있는
> 냥냥이들의 만화를 통하여
> 자연스럽게 개념어를 한번 더
> 알게 한다.

냥냥이의
서술어 충전소

일정하다

우리가 다니는 학교 건물을 보면 창문 크기가 일정하지? 또, 우리가 등교하고 하교하는 시간도 일정해. 이처럼 어떤 것의 크기, 모양, 범위, 시간 따위가 하나로 정해져 있을 때나 양, 성질, 상태, 계획 따위가 달라지지 않고 한결같을 때, '일정하다' 라는 표현을 써.

서술어에 대한 뜻과 활용한 문장을 설명한다.

비슷한 말　**반대말**

서술어 친구들

고르다

들쑥날쑥하다

일정하다

가지런하다

불규칙하다

서술어의 비슷한 말과 반대말을 알아본다.

개념어랑 서술어랑

고체, 공간, 상태 + 일정하다

연필을 헝겊 필통에도 넣어보고 플라스틱 필통에 넣어봐도 모양이 변하지 않지? 차지하는 공간도 변하지 않아. 이렇게 모양과 부피가 일정하고 어디에 담아도 모양과 부피가 변하지 않는 상태의 물질을 고체라고 해.

일정한 간격으로 놓아야 해.

으차!

각 단원에서 배운 개념어와 서술어를 조합하여 개념어와 서술어가 아우러진 문장을 학습한다.

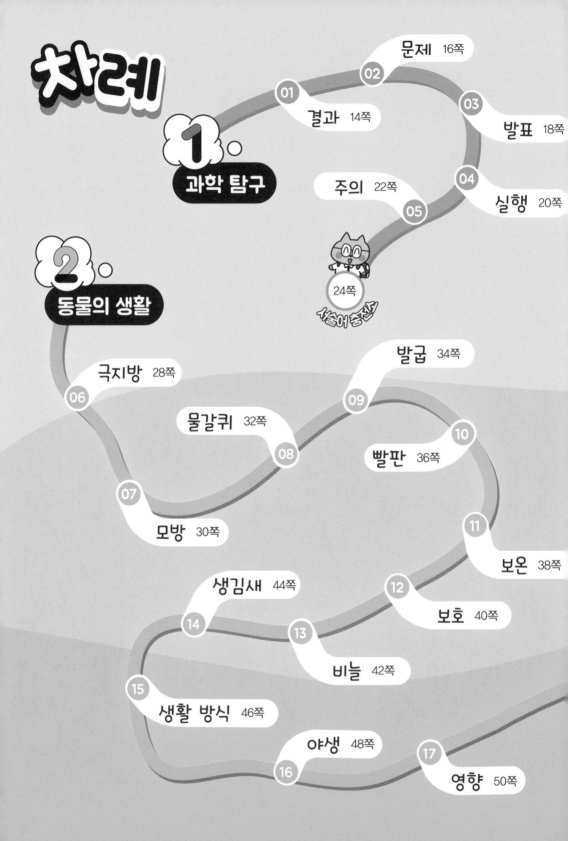

차례

1. 과학 탐구

01 결과 14쪽
02 문제 16쪽
03 발표 18쪽
04 실행 20쪽
05 주의 22쪽
24쪽 사슬어 충전소

2. 동물의 생활

06 극지방 28쪽
07 모방 30쪽
08 물갈퀴 32쪽
09 발굴 34쪽
10 빨판 36쪽
11 보온 38쪽
12 보호 40쪽
13 비늘 42쪽
14 생김새 44쪽
15 생활 방식 46쪽
16 야생 48쪽
17 영향 50쪽

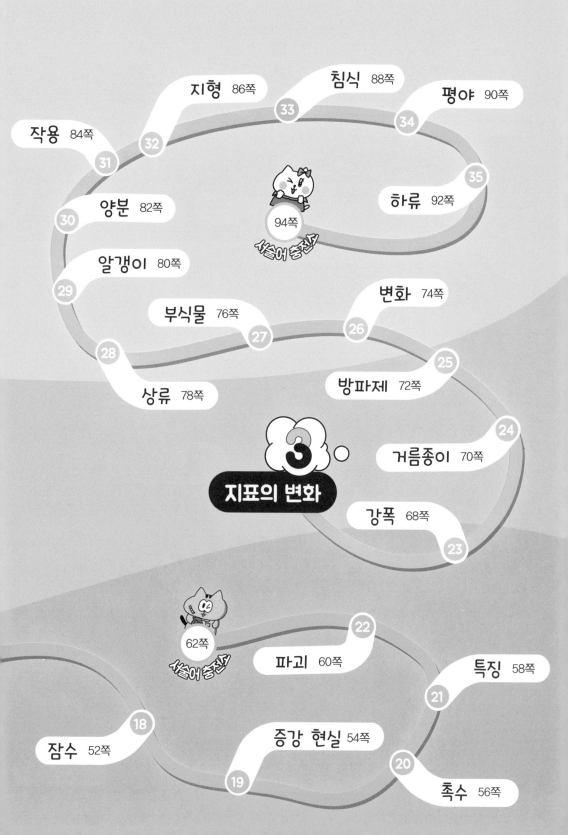

지형 86쪽 33

침식 88쪽

평야 90쪽 34

작용 84쪽 31

32

35

하류 92쪽

양분 82쪽 30

94쪽
새싹어 출전!

알갱이 80쪽 29

변화 74쪽

부식물 76쪽 27

26

28

25

상류 78쪽

방파제 72쪽

24

3

지표의 변화

거름종이 70쪽

강폭 68쪽

23

62쪽
새싹어 출전!

22

파괴 60쪽

특징 58쪽

21

18

증강 현실 54쪽

잠수 52쪽

19

20

촉수 56쪽

4 물질의 상태

고체 100쪽 36

공간 102쪽 37

38 기체 104쪽

원리 110쪽 41

42 전자저울 112쪽

39 상태 106쪽

40 액체 108쪽

주입 114쪽 43

116쪽 서술어 충전소

5 소리의 성질

소리굽쇠 126쪽 46

45 방음 124쪽

44 반사 122쪽

47 소음 128쪽

전달 130쪽 48

136쪽 서술어 충전소

한계 132쪽 49

50 효과음 134쪽

정답 142쪽

등장 인물 소개

괜찮냥
언제나 친구들을 먼저 따뜻하게 챙긴다.
친구에게 어려움이 있을 때 괜찮냐고 묻고 도와준다.

머라냥
친구들의 말을 열심히 안 듣고 있다가
나중에 엉뚱한 소리를 한다.

예뽀냥
예쁘고 발랄한 공주님 같은 고양이.
예쁜 것을 보면 정신을 못차리고 갖고 싶어 한다.

모르냥
잘 몰라서 새로운 내용이 나올 때마다 깜짝 놀란다.
친구들이 알려 주면 고마워한다.

알갓냥
똑똑하고 아는 게 많고 책을 좋아하고 자신감이 넘치고
잘난 척을 한다.

어쩌냥
사고를 치고 덜렁거리며 구멍이 많지만 해맑다.
일부러 그러는 건 아니지만 친구들에게 피해를 줄 때도 있다.

과학 탐구

무엇을 배우나요?

1단원에서는 평소 궁금하거나 더 알고 싶은 점을 자유롭게 탐구 주제로 선택하고 이러한 주제에 대한 해답을 찾기 위해 탐구를 계획하고 실행하여 결론을 도출하는 모든 과정을 공부할 거예요. 또한 탐구 결과를 설명하는 발표 자료를 만들어 친구들 앞에서 발표함으로써 실제 과학자들이 탐구하는 과정을 경험해 보도록 해요.

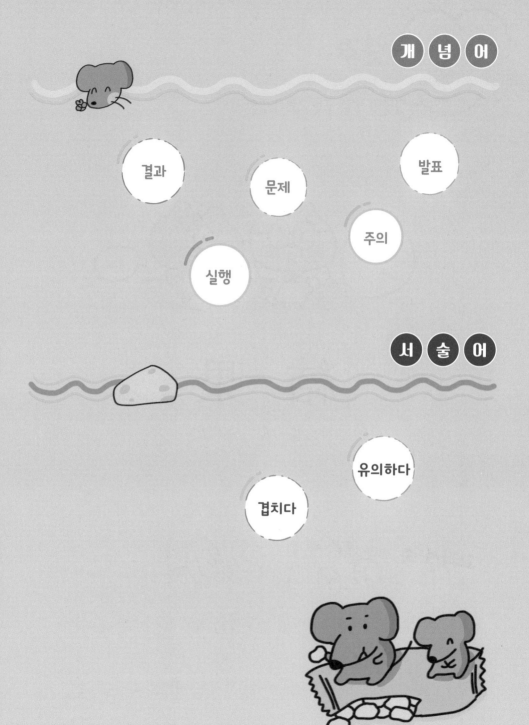

01 결과

1. 과학 탐구

어떤 원인으로 결말이 생김. 또는 그런 결말의 상태

어휘교실

結 맺을 **결**　果 열매 **과**

교과서 속 어휘찾기

• 탐구 결과를 정리해서 발표 자료를 만든 다음, 학급 친구들 앞에서 발표를 하였다.

• 탐구 전에 예상한 결과와 실제 결과가 어떻게 다른지 확인한다.

 **어휘친구** 를 부탁해!

결과? 결론? '결' 자로 시작하는 말

결과와 결론은 다른 말이냥? 똑같이 '결' 자가 들어가니까 왠지 비슷한 말 같아.

응, 결과와 결론은 비슷한 말이야. '결'은 '맺는다'라는 뜻을 가지고 있어. 그래서 결론은 '어떤 원인으로 인해 맺어지는 마지막 부분'이란 뜻이야. '결' 자가 들어가는 말에는 또 뭐가 있을까?

결말, 결국! 나 좀 똑똑한 거 같지 않냥?

 낭낭이와 **퀴즈대결**

1. 어떤 원인으로 생긴 결말이나 그런 결말의 상태를 뜻하는 말은?

   ① 결과   ② 결혼   ③ 결심   ④ 결정

2. 다음 중 같은 뜻으로 쓰인 '결' 자가 <u>아닌</u> 것은?

   ① 결국   ② 결과   ③ 결론   ④ 결석

어쩌냥의 하루

15

02 문제

논쟁, 논의, 연구 따위의 대상이 되는 것. 깊이 있게 조사하고 생각하여 진리를 따져 볼 만한 일이나 사물

손톱과 발톱 중 어느 것이 더 빨리 자랄까?

글쎄, 그 문제라면 네가 직접 길러 보면 어떻겠냥?

물을 **문**

제목 **제**

교과서 속 어휘찾기

• 나의 손톱과 발톱에서 궁금한 것은 무엇인지 떠올려 보고, 새로운 탐구 문제로 정하여 탐구해 보자.

• 탐구를 계획하기 전에, 먼저 어떻게 탐구 문제를 해결할지 생각해야 한다.

도와줘! 탐구 문제를 어떻게 정해야 할지 모르겠어.

탐구는 필요한 것을 조사해서 찾아내는 것을 말하니까 탐구 문제는 조사하고 알아볼 만한 가치가 있는 것으로 정해야 하지 않겠냥? 1학기에 공부했던 내용이나 평소에 궁금했던 문제를 떠올려 봐.

아하! 난 자석에 관심이 많으니까 자석에 붙는 다양한 물체들을 관찰해 보면 되겠다. 고마워!

1. 깊이 있게 조사하고 생각하여 진리를 따져 볼 만한 일이나 사물을 뜻하는 말은?

① 문장　　　　　② 문구점　　　　　③ 문서　　　　　④ 문제

2. 탐구 문제를 정할 때에는 평소 (　　　　　)했던 것을 떠올리는 것이 좋다.

머라냥의 하루

앞으로 음식은 남기지 않으려고.

난 늘 깨끗이 다 먹어. 근데 너는 갑자기 왜 그러냥?

나도 이제 환경 오염 문제에 관심을 가지려고.

기특하네. 단, 금세 포기하기 없기!

03 발표

어떤 사실이나 결과, 작품 따위를 세상에 널리 드러내어 알림.

 어휘교실

發
필**발**

表
겉**표**

교과서 속 어휘찾기

• 사진, 표 등을 이용하여 탐구 결과를 정리한 후 **발표**한다.

• 친구들이 **발표**하는 내용을 주의 깊게 듣는다.

발표는 어떤 사실이나 결과, 작품 따위를 세상에 널리 드러내어 알린다는 뜻이잖냥. 갑자기 궁금해진 건데, '발' 자와 '표' 자의 글자 순서를 바꾸면 뜻이 달라질까?

발표와 표발은 같은 뜻을 가진 낱말이야.

정말? 보통은 발표라는 낱말만 사용해서 몰랐는걸?

하하. 내가 어휘 실력이 좋잖냥!

1. 어떤 사실이나 결과, 작품 따위를 세상에 널리 드러내어 알리는 것은?

　① 발사　　　　　　② 발생　　　　　　③ 발표　　　　　　④ 발포

2. 발표와 (　　　　)은 같은 뜻을 지닌 낱말이다.

예쁘냥의 하루

04 실행

실제로 행함.

어휘교실

탐구 문제를 정했으니 탐구를 실행해 볼까?

난 관찰하고 조사한 자료를 기록하는 일을 맡을게.

實 | 行
열매 **실** | 다닐 **행**

교과서 속 어휘찾기

• 탐구 계획에 따라 모둠원과 역할을 나눈 다음 탐구를 **실행**한다.

• 탐구를 할 때에는 탐구 계획에 따라 **실행** 및 관찰하고, 조사한 자료의 내용을 빠짐없이 기록해야 한다.

실행은 실제로 행한다는 뜻이잖아. 그렇다면 실시와 비슷한 말이냥?

응. 실행은 실제로 행한다는 뜻이고 실시는 실제로 시행한다는 뜻이야. 어때? 의미가 거의 같지?

나는 실행보다는 실시라는 말을 더 많이 들어봤어. 화재 대피 훈련 실시! 급식 실시!

오! 요새 공부 좀 했나 보다.

 퀴즈대결

1. 실제로 행한다는 뜻을 지닌 말은?

① 실습   ② 실행   ③ 실밥   ④ 교실

2. 실행과 (   )는 비슷한 의미를 지닌 낱말이다.

어쩌냥의 하루

21

05 주의

어떤 한 곳이나 일에 관심을 집중하여 기울임.

어휘교실

깊은 산 속 옹달샘~ ♪月

너 때문에 주의가 산만해지잖냥!

注 물댈 주   意 뜻 의

교과서 속 어휘찾기

• 탐구를 실행할 때는 주의 깊게 탐구하고, 탐구한 결과를 사실대로 빠짐없이 기록해야 한다.

• 선생님의 설명을 주의 깊게 듣고 궁금한 것을 질문한다.

 **주의와 주의?**

친구들의 발표를 주의 깊게 들으라고 선생님께서 주의를 주셨어.

주의 깊게 들으라고 주의를 주셨다고?

'주의 깊게'의 '주의'는 친구들의 발표에 관심을 집중하여 기울이란 뜻이고, 선생님께서 주신 '주의'는 경고나 훈계의 뜻이야.

같은 낱말에도 여러 가지 뜻이 있구나.

1. 어떤 한 곳이나 일에 관심을 집중하여 기울임을 뜻하는 말은?

① 주의   ② 주인   ③ 주말   ④ 주책

2. 수업 시간에 옆에 앉은 친구와 장난을 치다가 선생님의 (   )를 받았다.

알갓냥의 하루

23

겹치다

설거지를 할 때 깨끗이 헹군 그릇들을 엎어서 포개어지게 쌓아 놓은 적이 있지? 이렇게 여러 사물이나 내용 따위가 서로 덧놓이거나 포개어지는 것을 '겹치다'라고 해. 종이가 여러 장 겹쳐 있다든가 송곳니가 옆의 이와 겹쳐서 교정을 했다거나 할 때 사용하는 말이야.

비슷한 말 **반대말**

**서술어
친구들**

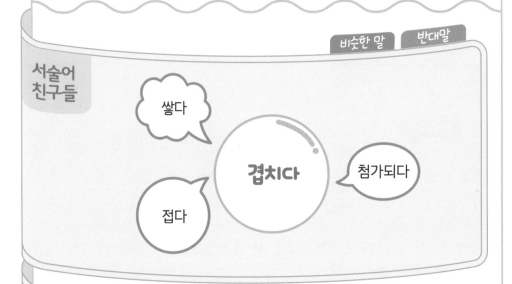

쌓다

겹치다

첨가되다

접다

**개념어랑
서술어랑**

결과, 발표 + 겹치다

이 동네 팽이왕은 나야 나!

팽이를 오래 돌게 하려면 어떻게 해야 할까? 팽이의 회전판을 여러 장 겹쳐서 돌려 보자. 회전판의 수를 다르게 한 팽이를 동시에 돌린 다음, 팽이가 멈출 때까지의 시간을 재고 결과를 정리해서 발표하는 거야.

유의하다

'유의하다'는 마음에 새겨 두어 조심하며 관심을 가진다는 뜻이야.
과학 시간에는 특히 조심해야 할 것들이 많아. 예를 들면, 약품 같은
것들은 함부로 맛보지 않도록 해야 하고, 날카로운 도구를 다룰 때에는 다치지
않도록 유의해야 하지.

서술어 친구들

비슷한 말   반대말

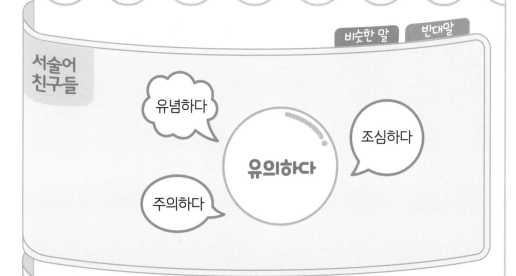

유념하다

조심하다

유의하다

주의하다

개념어랑 서술어랑

문제, 실행 + 유의하다

우리 주변에서 일어나는 일을 관찰하다 보면 궁금한 것
이 많이 생겨. 그런 것들을 탐구 **문제**로 정하고 계획을
세워 **실행**해 보면 궁금증도 해결될 거야. 탐구 **문제**를
실행할 땐 안전에 유의하는 거 잊지 마!

안전 제일!

2.

동물의 생활

무엇을 배우나요?

2단원에서는 다양한 환경에서 살아가는 동물을 호기심과 흥미를 가지고 관찰한 다음, 비슷한 특징을 가진 동물끼리 분류해 볼 거예요. 또한 동물의 특징과 생활 방식이 환경과 어떠한 관련성이 있는지 알아보고 이런 동물의 특징을 모방하여 생활 속에서 활용한 예를 탐색하는 활동도 해 볼 거예요.

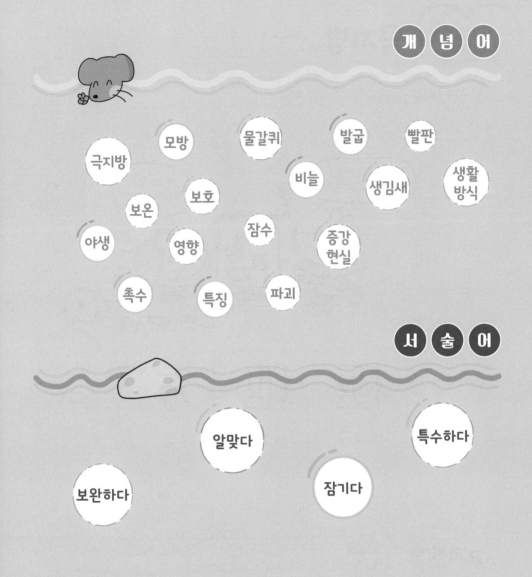

개 념 어

극지방
모방
물갈퀴
발굽
빨판
비늘
생김새
생활 방식
보온
보호
야생
영향
잠수
증강 현실
촉수
특징
파괴

서 술 어

알맞다
특수하다
보완하다
잠기다

06 극지방

남극과 북극을 중심으로 한 그 주변 지역

어휘교실

극지방에 사는 대표적인 동물에는 뭐가 있을까?

펭귄을 절대 빼놓을 수 없지.

뒤뚱 뒤뚱

極	地	方
지극할 **극**	땅 **지**	모 **방**

교과서 속 어휘찾기

• 극지방에는 펭귄, 북극곰, 북극여우 등이 살고 있다.

• 온도가 낮은 극지방이나 물이 부족한 사막에도 동물들이 살고 있다.

극지방은 남극과 북극을 중심으로 한 주변 지역으로 온도가 매우 낮다고 배웠는데, 그런 곳에서는 동물이 어떻게 살 수 있는 거냥?

그건 추위를 견딜 수 있는 생김새 때문이야. 몸이 털로 촘촘하게 덮여 있거나, 북극여우처럼 몸의 열을 빼앗기지 않기 위해 귀가 아주 작거나, 펭귄처럼 몸에 두꺼운 지방층이 있으면 추위를 잘 견딜 수 있어.

와! 신기한 동물의 세계!

1. 남극과 북극을 중심으로 한 그 주변 지역을 뜻하는 말은?

　① 극존칭　　　　　② 극지방　　　　　③ 적도　　　　　④ 남반구

2. 동물들이 극지방에서도 잘 살 수 있는 까닭은 추위를 견딜 수 있는 (　　　　)
　때문이다.

예쁘냥의 하루

07 모방

다른 것을 본뜨거나 본받음.

어휘교실

> 드론이 꼭 벌처럼 생겼네.

> 벌의 생김새를 모방한 거니까!

摸
본뜰 **모**

倣
본받을 **방**

교과서 속 어휘찾기

• 우리 생활에서 동물의 특징을 **모방**해 활용하고 있는 사례를 조사해 보자.

• 동물의 특징을 **모방**한 영화나 만화 주인공에는 어떤 것이 있을까?

모방은 다른 것을 본뜨거나 본받는다는 뜻이잖아. 흉내와는 다른 말인 거냥?

본뜨거나 본받는다는 건 훌륭해서 본보기로 삼을 만한 점이 있기 때문이지. 반면 흉내는 남이 하는 말이나 행동을 그대로 따라 하는 것이지. 목소리 흉내, 원숭이 흉내처럼 말이야.

아하! 구별해서 사용해야겠네.

 퀴즈대결

1. 다른 것을 본뜨거나 본받는 것을 뜻하는 말은?

① 모발   ② 모자   ③ 모기   ④ 모방

2. 영화 스파이더맨의 주인공은 어떤 동물의 특징을 모방한 것일까?

① 거미   ② 상어   ③ 문어   ④ 오리

괜찬냥의 하루

물갈퀴

개구리, 기러기, 오리 따위의 발가락 사이에 있는 엷은 막

어휘교실

발에 끼운 그건 뭐냥?

물갈퀴야. 내 수영 속도가 두 배는 빨라질 거야.

사람이 물속에서 활동할 때 발에 끼는 오리발 모양의 물건도 **물갈퀴**라고 한다. 헤엄을 치거나 잠수할 때 편리하다.

교과서 속 어휘찾기

- 동물의 특징을 활용하여 잠수할 때 발에 끼는 **물갈퀴**, 벽에 붙이는 칫솔걸이, 원하는 곳으로 물건을 옮길 수 있는 집게 차 등을 만들어 이용하고 있다.

- 자라, 개구리 등은 강가나 호숫가에서 땅과 물을 오가며 사는데, 물속에서는 **물갈퀴**가 있는 발로 헤엄을 친다.

32

 **어휘친구**를 부탁해!   **물갈퀴를 가진 동물**

개구리, 오리, 수달, 갈매기, 펠리컨, 악어…….

갑자기 동물들 이름은 왜 읊는 거냥?

내가 말한 동물들의 공통점이 뭔지 알아?

물에서 사는 동물들인가?

물에서도 살지만 물과 땅을 오가며 사는 동물들이지. 그래서 이런 동물들은
물갈퀴를 가지고 있어.

 냥냥이와 **퀴즈대결**

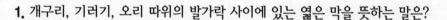

1. 개구리, 기러기, 오리 따위의 발가락 사이에 있는 엷은 막을 뜻하는 말은?

　① 물갈퀴　　　　② 엉겅퀴　　　　③ 물주머니　　　　④ 발가락

2. 물갈퀴가 있으면 (　　　　)을 치거나 (　　　　)할 때 편리하다.

모르냥의 하루

09 발굽

말, 소, 양 따위 짐승의 발끝에 있는 두껍고 단단한 발톱

어휘교실

발굽은 다리의 말단을 덮어 보호하는 두꺼운 각질의 덮개이다.
걷는 동안 땅에 닿으며 충격을 흡수한다.

교과서 속 어휘찾기

• 토끼는 몸에 비해 귀가 크고 뒷다리가 앞다리보다 길며, 염소는 뿔이 있고
발굽이 있다.

• 사슴은 둥근 발굽에 두 개의 발가락이 있다.

발굽? 발톱?

🐱 말이나 소, 양은 발굽을 가지고 있대.

🐱 응. 다른 동물이나 사람의 발톱과 같은 거라고 생각하면 돼.

🐱 발톱과 같은 거라고? 동물들이나 사람의 발톱은 시간이 지나면 자라잖아. 그럼 발굽도 자라는 거냥?

🐱 오, 예리한데? 맞아. 발굽도 발톱처럼 계속해서 자라. 그리고 발굽은 동물이 달릴 때 발에 가해지는 충격을 흡수하는 역할을 해. 신발의 밑창은 동물의 발굽에서 착안한 거야.

1. 초식 동물의 발끝에 있는 크고 단단한 발톱은?

① 발바닥　　　② 발굽　　　③ 발가락　　　④ 발음

2. 발굽은 걷는 동안 땅에 닿으면서 (　　　)을 흡수한다.

알갓냥의 하루

10 빨판

다른 동물이나 물체에 달라붙기 위한 기관

우아, 빨판의 힘이 엄청 세 보여.

앗, 깜짝이야!

빨판은 둘레 벽의 근육을 수축시켜 빈 곳을 만들고
내부의 우묵한 부분의 압력을 낮추어 달라붙는데
접시 모양, 혹 모양, 쟁반 모양 따위가 있다.

교과서 속 어휘찾기

• 문어의 **빨판**은 물체에 잘 붙는데, 이 특징을 모방해서 흡착판을 만들었다.

• 산천어 겉모습의 특징을 활용하여 고속 열차의 겉모습을 만들고, 문어 **빨판**
의 특징을 활용하여 칫솔걸이의 흡착판을 만들었다.

36

오징어나 문어, 낙지의 빨판은 만능이야. 못하는 게 없어.

만능이라고?

응, 문어는 다리에 200개가 넘는 빨판이 있어서 이동하거나 먹이를 찾는 데 이용해. 또 적의 공격을 방어할 때도 이용하고, 물체가 매끄러운지 거친지 구분할 수도 있다냥.

우아! 빨판이 200개가 넘는다고?

뿐만 아니라 낙지는 빨판으로 단맛, 쓴맛, 매운맛을 느낄 수 있대.

 냥냥이와 **퀴즈대결**

1. 다른 동물이나 물체에 달라붙기 위한 기관은?

① 빨대   ② 빨래   ③ 빨판   ④ 빨강

2. 다음 중 빨판을 가지고 있지 <u>않은</u> 동물은?

① 문어   ② 조개   ③ 오징어   ④ 낙지

머라냥의 하루

11 보온

2. 동물의 생활

주위의 온도에 관계없이 일정한 온도를 유지함.

밥이 아직 따뜻하네?

이거 보온 도시락이라 그래.

保 보전할 보   溫 따뜻할 온

교과서 속 어휘찾기

• 남극 지방에는 펭귄, 향유고래, 남극 물개 등이 사는데, 이들은 **보온**이 잘 되는 털이나 두꺼운 피부를 가지고 있다.

• 북극은 일 년 내내 얼음과 눈으로 덮여 있고 매우 춥기 때문에 북극에 사는 동물들은 추운 환경으로부터 **보온**하기 알맞은 모습으로 살아간다.

 **를 부탁해!** 보온? 보냉?

따뜻한 상태를 유지해 주는 게 보온이잖냥.

그렇지. '보'라는 글자가 '지키다, 보전하다'라는 뜻을 가지고 있거든.

그럼 차가운 상태를 유지하는 건 보냉인 거냥?

오! 하나를 배우면 두 가지를 깨치네. 멋져.

 **퀴즈대결**

1. 주위의 온도에 관계없이 일정한 온도를 유지함을 뜻하는 말은?

① 보석 　　　　② 보온 　　　　③ 보물 　　　　④ 보관

2. 주위의 온도에 관계없이 차가운 상태를 유지함을 뜻하는 말은 (　　　　)이다.

예쁘냥의 하루

12 보호

잘 지켜 원래대로 보존되게 함. 위험이나 곤란 따위가 미치지 아니하도록 잘 보살펴 돌봄.

어휘교실

保
보전할 **보**

護
보호할 **호**

교과서 속 어휘찾기

• 동물의 행동을 연구하면 그 동물의 특징을 이해할 수 있고, 동물을 **보호**하는 방법도 찾을 수 있다.

• 우리나라 환경부에서는 멸종 위기의 야생 생물을 법으로 지정하여 **보호**하고 있다.

• 거북은 등딱지로 몸을 **보호**한다.

보호는 위험으로부터 보살피고 돌본다는 뜻이니까 좋은 거잖냥.

맞아. 그렇지만 뭐든지 지나치면 좋지 않지.

보호가 지나칠 수도 있어?

응. 그걸 과잉보호라고 해. 과잉보호는 무엇이든 스스로 할 수 있는 힘을 잃게 해. 혼자 힘으로 하는 걸 어려워하게 되지.

음, 꼭 기억해 둬야겠다.

 퀴즈대결

1. 잘 지켜 원래대로 보존되게 하거나 위험이나 곤란 따위가 미치지 아니하도록 잘 보살펴 돌봄을 뜻하는 말은?

① 보호   ② 보온   ③ 보물   ④ 보관

2. 지나친 보호를 이르는 말은 (   )보호이다.

괜찮냥의 하루

13 비늘

물고기나 뱀 따위의 표피를 덮고 있는 얇고 단단하게 생긴 작은 조각

어휘교실

비늘이 반짝거리네.

싱싱한 생선일수록 비늘이 반짝거린대.

어류나 파충류의 몸 표면 전부 혹은 조류나 포유류의 몸의 일부를
덮고 있는 **비늘**은 생물의 피부를 보호하기 위한 것이다.

교과서 속 어휘찾기

• 강이나 하천에 사는 붕어와 피라미는 몸이 부드러운 곡선 모양이고 **비늘**로
덮여 있으며 지느러미를 이용해 헤엄쳐 다닌다.

• 대부분 어류의 피부는 **비늘**로 덮여 있지만 **비늘**을 가지지 않은 종들도 있다.

우아! 저 구름 좀 봐. 신기하게 생겼어.

저런 구름을 비늘구름이라고 해.

비늘구름? 물고기에 있는 그 비늘 말이냥?

응, 작은 구름 덩이가 무리 지어 떠 있는 모양이 마치 물고기의 비늘과 같아 보인다고 해서 그런 이름이 붙은 거래.

그러고 보니까 정말 생선 비늘 같아 보인다.

1. 물고기나 뱀 따위의 표피를 덮고 있는 얇고 단단하게 생긴 작은 조각은?

① 비닐   ② 비밀   ③ 비듬   ④ 비늘

2. 작은 구름 덩이가 무리를 지어 떠 있는 모양이 마치 물고기의 비늘과 같은 구름을 (   )구름이라고 한다.

알갓냥의 하루

14 생김새

생긴 모양새

얼굴은 작고 눈은 크고, 머리카락은 많아.

으음·······. 생김새를 조금 더 자세하게 설명해 주면 안 될까?

겉으로 보이는 모양의 상태를 **생김새**라 하고, 비슷한 말로는 **모양새**가 있다.

교과서 속 어휘찾기

• 동물은 사는 환경에 따라 먹이의 종류가 다르고, 먹이에 따라 다양한 **생김새**를 갖고 있다.

• 동물은 사는 곳, 이동 방법, **생김새** 등이 서로 다르다.

 '생김새'처럼 '새'로 끝나는 말에는 어떤 것들이 있는지 아냥?

차림새, 걸음새, 쓰임새, 그리고 짜임새가 있지.

와! 많이 알고 있구나.

'새'는 어떤 단어 끝에 붙어서 모양, 상태, 정도를 뜻해. 그러니까 차림새는 차린 모양, 걸음새는 걸음을 걷는 모양, 짜임새는 짜인 모양인 거지.

넌 오늘 차림새가 멋있는걸?

 냥냥이와 퀴즈대결

1. 생긴 모양새를 뜻하는 말은?

① 참새   ② 어느새   ③ 생김새   ④ 소쩍새

2. 다음 중 '새'의 뜻이 <u>다른</u> 하나는?

① 짜임새   ② 차림새   ③ 모양새   ④ 텃새

예쁘냥의 하루

45

15 생활 방식

2. 동물의 생활

일정한 환경에서 활동하며 살아가는 방법이나 형식

어휘교실

너의 생활 방식과
나의 생활 방식은 달라.

그래서 다행이야.

生 活 方 式

날 **생**   살 **활**   방향 **방**   법 **식**

교과서 속 어휘찾기

• 땅에 사는 동물의 생김새, 사는 곳, 이동 방법 등의 **생활 방식**을 알아보자.

• 동물의 생김새와 생활 방식은 환경과 관련되어 있다.

46

생활 방식은 환경에 따라 다르다?

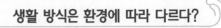

🐱 나는 털이 있어서 여러 가지로 좋은 점이 많은데, 털이 없는 동물들은 살아가
는 데 불편함이 없을까?

🐱 동물들은 서로 사는 곳이 다르잖아. 사는 환경이 어떠냐에 따라 먹이가 다르
고 이동하는 방법도 달라. 그러다 보니 몸의 모양이나 털, 비늘 등 생김새도
다르지. 그러니까 털이 없는 동물은 털이 없는 게 살아가기 더 편리한 거야.

🐱 아하, 사는 환경에 따라 생활 방식이 다른 거구나!

1. 일정한 환경에서 활동하며 살아가는 방법이나 형식을 뜻하는 말은?

　① 생활 모습　　　　② 생활 방식　　　　③ 생활 태도　　　　④ 생활 공간

2. 다음 중 생활 방식이 <u>다른</u> 동물은?

　① 붕어　　　　② 메기　　　　③ 피라미　　　　④ 하늘다람쥐

어쩌냥의 하루

47

16 야생

산이나 들에서 저절로 나서 자람. 또는 그런 생물

어휘교실

野 들 야

生 날 생

교과서 속 어휘찾기

• 황새는 멸종 위기 **야생** 동물이다.

• 오랫동안 **야생** 침팬지와 생활한 결과, 침팬지는 도구를 사용할 뿐만 아니라 도구를 만들기도 한다는 것을 알아냈다.

😺 우리가 지금 공부하고 있는 동물들은 모두 야생 동물인 거냥?

😺 맞아. 야생이란 산이나 들에서 저절로 나서 자라는 생물을 뜻해.

😺 그러면 야생 동물이 다치거나 멸종 위기에 처하면 어떡하냥?

😺 야생 동물이 사고를 당하거나 위험에 처했을 때 구조해서 치료해 주는 야생동 물재활사가 있어. 동물이 자연에서 건강하고 안전하게 살아갈 수 있도록 훈련 시켜서 돌려 보내는 일을 해.

😺 굉장히 의미 있는 일을 하는 직업이구나.

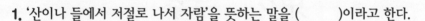

1. '산이나 들에서 저절로 나서 자람'을 뜻하는 말을 (   )이라고 한다.

2. 다음 중 멸종 위기 야생 동물이 <u>아닌</u> 것은?

　① 개미　　　　　② 반달가슴곰　　　③ 호랑이　　　④ 황새

머라냥의 하루

17 영향

어떤 사물의 효과나 작용이 다른 것에 미치는 일

어휘교실

파도가 너무 높아.

파도가 높아지는 건 바람의 영향 때문이야.

그림자 **영**

소리 울릴 **향**

교과서 속 어휘찾기

• 생물이 하나둘 멸종하면 결국 사람도 **영향**을 받게 된다.

• 당분이 많은 음료를 자주 마시는 것은 건강에 좋지 않은 **영향**을 미친다.

 어휘친구 를 부탁해! **영향? 영향력?**

🐱 나는 나중에 어린 냥냥이들에게 좋은 영향을 끼치는 훌륭한 선생님이 되고 싶어.

🐱 영향력이 큰 냥냥이가 되고 싶은 거구나?

🐱 영향력? 그건 영향과 다른 말이냥?

🐱 영향력이란 어떤 사물의 효과나 작용이 다른 것에 미치는 힘의 크기나 정도를 뜻해. 그래서 영향력이 크다 또는 영향력이 높다고 말해.

🐱 후배들에게 좋은 영향을 끼치려면 공부를 조금 더 해야겠는걸?

 퀴즈대결

1. 어떤 사물의 효과나 작용이 다른 것에 미치는 일을 뜻하는 말은?

① 영화 ② 영국 ③ 영향 ④ 영어

2. 영향이 미치는 힘의 크기나 정도를 뜻하는 말은?

① 영향력 ② 추진력 ③ 지구력 ④ 인내력

괜찬냥의 하루

잠수

잠수

18 잠수

물속으로 잠겨 들어감. 또는 그런 일

어휘교실

潛	水
자맥질할 **잠**	물 **수**

교과서 속 어휘찾기

- 동물의 특징을 활용하여 **잠수**할 때 발에 끼우는 물갈퀴, 벽에 붙이는 칫솔걸이, 원하는 곳으로 물건을 옮길 수 있는 집게 차 등을 만들어 생활에서 이용하고 있다.
- 오리의 발에는 물갈퀴가 있어 **잠수**와 헤엄치는 데 유리하다.

잠수

 를 부탁해!

어제 TV에 잠수를 잘하는 잠수가 나왔어.

그게 무슨 말이냥? 잠수를 잘하는 사람도 아니고 잠수를 잘하는 잠수라니?

잠수는 물속으로 잠겨 들어가는 일을 뜻하잖아. 그런데 바닷속에 들어가 해삼, 전복, 미역 따위를 따는 것을 직업으로 하는 여자, 즉 해녀라는 뜻도 있어.

아하! 그런 뜻도 있냥?

냥냥이와 퀴즈대결

1. 물속으로 잠겨 들어감을 뜻하는 말은?

① 잠깐   ② 잠수   ③ 잠시   ④ 잠자리

2. 잠수에는 바닷속에 들어가 해삼, 전복, 미역 따위를 따는 것을 ( )으로 하는 여자라는 뜻도 있다.

알갓냥의 하루

19 증강 현실

현재 실제로 존재하는 사물이나 환경에 가상의 사물이나 환경을 덧입혀서, 마치 실제로 존재하는 것처럼 보여 주는 컴퓨터 그래픽 기술

增 불을 **증**　强 굳셀 **강**　現 나타날 **현**　實 열매 **실**

교과서 속 어휘찾기

- 증강 현실 동물 관찰에서 여러 가지 동물의 모습을 관찰할 수 있다.
- 증강 현실이라는 용어는 증강 현실을 뜻하는 영단어의 대문자를 따서 AR이라고도 한다.

오늘 증강 현실 애플리케이션으로 내가 가려던 맛집을 쉽게 찾았어.

그런데 증강 현실과 가상 현실은 다른 거냥?

응, 차이점이 있어. 가상 현실은 말 그대로 사용하는 배경이나 이미지가 모두 진짜가 아닌 가상이야. 하지만 증강 현실은 실제로 존재하는 배경이나 이미지에 가상을 겹쳐서 보여 주는 기술이지. 그래서 혼합 현실이라고도 해.

아하, 그래서 증강 현실이 훨씬 더 실제 같은 느낌이 드는구나!

 **퀴즈대결**

1. 현재 실제로 존재하는 사물이나 환경에 가상의 사물이나 환경을 덧입혀서, 마치 실제로 존재하는 것처럼 보여 주는 컴퓨터 그래픽 기술은?

① 증강 미래　　　　② 현실 세계　　　　③ 증기 기차　　　　④ 증강 현실

2. 증강 현실과 가상 현실은 같은 뜻을 가진 말이다. (O , X)

예쁜냥의 하루

20 촉수

하등 무척추동물의 몸 앞부분이나 입 주위에 있는 돌기 모양의 기관. 촉각, 미각 따위의 감각 기관으로 포식 기능을 가진 것도 있음.

어휘교실

팔이 왜 부어오른 거냥?

어제 바다에서 놀다가 해파리 촉수에 쏘였어.

觸 닿을 **촉**

手 손 **수**

교과서 속 어휘찾기

• **촉수**는 말미잘, 해파리와 같은 강장동물에서 주로 볼 수 있다.

• 별코두더지의 **촉수**와 발톱의 특징을 모방해서 적의 위치를 알 수 있는 날카로운 발톱이 나오는 능력을 만든다.

🐱 촉수는 미각, 촉각 등을 느낄 수 있는 감각 기관이래.

🐱 맞아. 우리의 눈, 코, 입과 같은 감각 기관인 거지.

🐱 넌 촉수를 가진 동물을 본 적이 있냥?

🐱 다큐멘터리에서 봤어. 바로 별코두더지야. 콧구멍 주변에 별 모양의 촉수가 22개 있는데 1초에 20개의 물체를 이 촉수로 식별할 수 있어.

🐱 아하, 별 모양 촉수가 있어서 별코두더지라는 이름이 붙었구나!

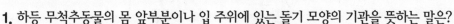

1. 하등 무척추동물의 몸 앞부분이나 입 주위에 있는 돌기 모양의 기관을 뜻하는 말은?

　① 촉수　　　　　② 촉감　　　　　③ 칙촉　　　　　④ 촉진

2. 별코두더지는 콧구멍 주변에 (　　　) 모양의 촉수를 가지고 있다.

어쩌냥의 하루

앗! 달팽이다. 돋보기로 관찰해야겠어.

근데 달팽이는 눈이 어디 달린 거냥?

잘 봐, 여기! 머리에 달린 촉수 끝에 눈이 있어.

뭐냥. 넌 정말 모르는 게 없구나.

21 특징

다른 것에 비하여 특별히 눈에 띄이는 점

特 특별할 **특**　徵 부를 **징**

교과서 속 어휘찾기

• 지렁이처럼 땅에서 사는 동물을 찾아보고, 그 특징을 알아보자.

• 동물을 그 특징에 따라 분류해 보면 동물의 생김새와 살아가는 모습을 더 깊이 이해할 수 있다.

모나리자 그림은 볼수록 특색 있어.

응. 나도 그렇게 생각해. 눈썹이 없는 게 특징이야.

특색이랑 특징? 비슷한 말이냥?

특색은 보통의 것과 다르다는 뜻이고, 특징은 다른 것에 비해 특별히 눈에 뜨이는 점을 말해. 첫 글자 '특'이 특별하다는 뜻이잖아.

그렇구나. '특'이 들어가는 말, 또 뭐가 있을까?

특별, 특수!

 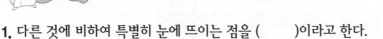

1. 다른 것에 비하여 특별히 눈에 뜨이는 점을 (   )이라고 한다.

2. 다음 중 '특'이 뜻하는 의미가 <u>다른</u> 말은?

① 특수   ② 특별   ③ 기특   ④ 특색

머라냥의 하루

22 파괴

조직, 질서, 관계 따위를 와해하거나 무너뜨림. 때려 부수거나 깨뜨려 헐어 버림.

어휘교실

빙하가 녹고 있어.

이게 다 생태계가 파괴되었기 때문이야.

破
깨뜨릴 **파**

壞
무너질 **괴**

교과서 속 어휘찾기

• 인간이 개발을 목적으로 동물들이 살던 곳을 **파괴**하면 동물들은 멸종 위기에 처하게 된다.

• 북극곰은 얼음 위를 이동하며 먹이를 찾는데, 지구의 환경이 **파괴**되면서 북극의 얼음이 녹아 북극곰이 먹이를 찾는 일이 어려워지고 있다.

이것 봐. 개미집이야.

그러네. 근데 누가 다 파괴했어.

파괴?

환경 파괴, 생태계 파괴처럼 눈에 보이지 않는 어떤 질서나 관계가 무너지는 것도 파괴지만 개미집처럼 눈에 보이는 무언가를 때려 부수거나 깨뜨려 헐어 버리는 것도 파괴라고 해.

아, 진짜! 누가 이런 짓을 한 거냥!

1. 조직, 질서, 관계 따위를 와해하거나 무너뜨림을 뜻하는 말은?

① 파일   ② 파김치   ③ 파괴   ④ 파랑

2. 다음 중 나머지 셋과 <u>다른</u> 의미로 쓰인 파괴는?

① 환경 파괴   ② 생태계 파괴   ③ 가정 파괴   ④ 건물 파괴

모르냥의 하루

보완하다

무슨 일을 할 때, 처음부터 잘하는 사람은 없어. 열심히 노력하고 어떤 부분이 부족한지 살펴서 그 부분을 채워 다시 노력하면서 점점 실력을 쌓아가는 거지. 이처럼 모자라거나 부족한 것을 보충하여 완전하게 하는 것을 '보완하다' 라고 해.

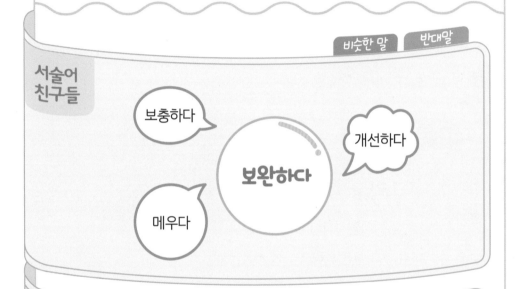

서술어 친구들

비슷한 말 | 반대말

보충하다

개선하다

보완하다

메우다

개념어랑 서술어랑

모방 + 보완하다

터널을 빠져나올 때 엄청난 굉음을 내는 신칸센의 문제점을 보완하기 위해 엔지니어들은 물총새의 길쭉한 부리와 날렵한 머리 모양을 모방했어. 이런 생김새 때문에 물총새는 물속에 진입할 때 물이 거의 튀지 않거든.

정말 물이 거의 안 튀네?

알맞다

학교에서 시험 볼 때나 문제집을 풀 때 "빈칸에 알맞은 말을 넣으세요.", "이 글의 제목으로 알맞은 것을 고르세요."라는 문장을 본 적이 있지? 여기서 '알맞다'는 건 일정한 정도나 조건, 기준에 넘치거나 모자라지 않는 것을 뜻해.

서술어 친구들

비슷한 말 | 반대말

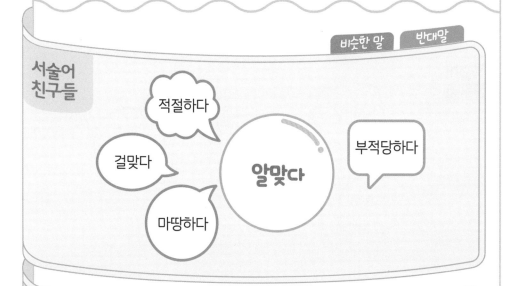

적절하다

걸맞다

마땅하다

알맞다

부적당하다

개념어랑 서술어랑

비늘, 물갈퀴, 빨판, 생김새, 특징, 잠수, 모방 + 알맞다

물에 사는 동물들은 헤엄치거나 **잠수**하기에 알맞은 **생김새**를 가지고 있어. 붕어나 상어의 **비늘**, 오리나 개구리의 **물갈퀴**, 문어의 **빨판**처럼 말이야. 이런 동물들의 **특징**을 **모방**해 생활에 필요한 물건을 만들기도 해.

수영 준비 끝!

잠기다

태풍으로 많은 비가 내려 도로가 물로 가득차는 장면을 뉴스로 본 적 있을 거야. 물속에 물체가 넣어지거나 가라앉게 되는 것을 '잠기다'라고 해. 이외에도 '생각에 잠기다'처럼 한 가지 일이나 생각에 열중할 때 쓰기도 하고, 아침에 일어나면 가끔 목소리가 잘 안 나올 때가 있지? 그럴 때에는 '목이 잠기다'라고도 해.

서술어 친구들

비슷한 말 · 반대말

가라앉다

잠기다

빠지다

몰두하다

개념어랑 서술어랑

야생, 영향, 생활 방식, 파괴 + 잠기다

바닷물이 들어오면 물에 잠기고, 빠져나가면 드러나는 땅을 갯벌이라고 해. 갯벌에는 다양한 **야생** 생물들이 저마다의 **생활 방식**으로 살아가고 있어. 그런데 최근 갯벌을 **파괴**하는 갯끈풀의 **영향**으로 갯벌의 뻘이 육지의 흙처럼 변한다고 해.

갯벌 체험 중!

특수하다

평소 뛰어나거나 색다른 점 없이 평범하다고 생각하는 것들을 '보통'
이라고 하는데, 이렇게 보통과는 특별히 다른 것을 '특수하다'라고
해. 예를 들면, '특수하게 제작된 자동차'는 특별히 다르게 자동차를 만들었다
는 뜻이야.

서술어 친구들

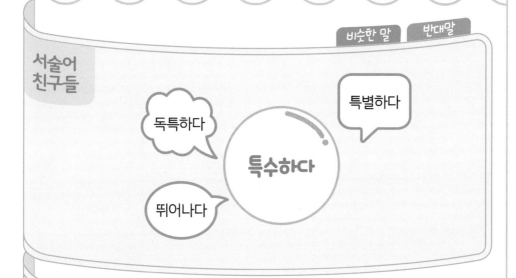

비슷한 말   반대말

독특하다

특별하다

특수하다

뛰어나다

개념어랑 서술어랑

극지방, 발굴, 보온, 보호 + 특수하다

사막에 사는 낙타는 눈 주변에 긴 털이 있어 모래로부
터 눈을 보호해. 또 발굽이 두꺼워서 오래 걸을 수 있지.
극지방에 사는 북극곰은 보온이 잘 되는 두꺼운 지방층
을 가지고 있어. 이렇게 특수한 환경에서 살아가는 동물
들은 각 환경에서 살기에 알맞은 특징이 있어.

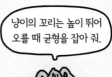

냥이의 꼬리는 높이 뛰어
오를 때 균형을 잡아 줘.

3.

지표의 변화

무엇을 배우나요?

3단원에서는 우리 주변의 여러 가지 흙, 강 주변 지형, 바닷가 주변 지형을 관찰한 다음 실험, 조사를 중심으로 한 탐구 활동을 통해 각 지형에 대한 특징을 알아볼 거예요.

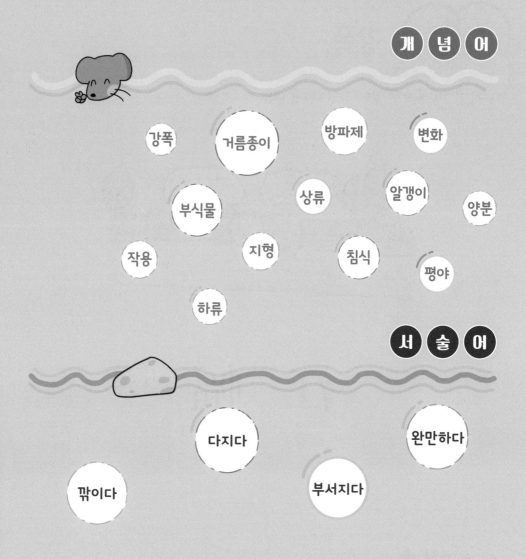

강폭

거름종이

방파제

변화

부식물

상류

알갱이

양분

작용

지형

침식

평야

하류

다지다

완만하다

깎이다

부서지다

23 강폭

강을 가로질러 잰 길이. 강의 너비를 이름.

어휘교실

이 강을 건너겠다고?

강폭은 넓지만 깊진 않아.

江	幅
강 **강**	폭 **폭**

교과서 속 어휘찾기

- 강 상류에는 큰 바위가 많으며, 강폭은 좁고 경사가 급하다.

- 강 상류와 강 하류의 **강폭**과 강의 경사는 어떻게 다른지 이야기해 보자.

 **어휘친구**를 부탁해! 　　　　　　　　　　　　　　　　　 **강 + 폭**

강폭은 강을 가로질러 잰 길이, 즉 강의 너비를 말하잖아.

응, 그렇지.

그렇다면, 강과 폭을 나누어 생각해 보면, 가로질러 잰 길이가 '폭'인 거냥?

맞아. '폭'은 평면이나 넓은 물체의 가로로 건너지른 거리를 뜻해.

나 제법 똑똑한 거 같지 않냥?

응. 오늘은 공부 좀 한 것 같은데?

 냥냥이와 **퀴즈대결**

1. 강을 가로질러 잰 길이, 즉 강의 너비를 이르는 말은?

① 강폭　　　　　　② 강남　　　　　　③ 강산　　　　　　④ 강둑

2. 강폭이 (넓다, 크다).

알갓냥의 하루

24 거름종이

액체 속에 들어 있는 침전물이나 불순물을 걸러 내는 다공성 종이

어휘교실

거름종이 어디에 구멍이 있다는 거지?

거름종이는 여러 물질이 혼합된 액체에서 액체에 녹지 않는 성질의 물질을 걸러 내는, 작은 구멍이 많은 종이를 말한다.

교과서 속 어휘찾기

• 흙탕물을 **거름종이**로 거르면 흙이 걸러진다.

• 두 컵에서 물 위에 뜬 물질을 핀셋으로 건져 **거름종이** 위에 올려놓고 관찰해 보자.

 **거름종이 = 한자어로 '여과지'**

🐱 거름종이는 언제 사용하는 거냥?

🐱 액체 속에 들어 있는 침전물이나 불순물을 거를 때 사용해. 흙과 물이 섞여 있는 흙탕물에서 흙과 물을 분리할 때 거름종이를 이용하면 물은 거름종이를 통과하고 흙은 통과하지 못해서 거름종이 위에 남게 돼.

🐱 그럼 여과지는 뭐냥? 다른 말인 거냥?

🐱 여과지는 거름종이와 같은 뜻을 가진 한자어야.

1. 액체 속에 들어 있는 침전물이나 불순물을 걸러 내는 다공성 종이는?

　① 거울공주　　　② 거실 바닥　　　③ 거스러미　　　④ 거름종이

2. 거름종이와 같은 뜻을 가진 말은?

　① 여진족　　　② 여과지　　　③ 여울물　　　④ 여러 가지

모르냥의 하루

71

방파제

파도를 막기 위하여 항만에 쌓은 둑. 바다의 센 물결을 막아서 항구를 보호함.

防 막을 **방**

波 물결 **파**

堤 둑 **제**

교과서 속 어휘찾기

• 방파제는 보통 모래와 돌로 쌓아 올리지만, 깊은 곳에서는 먼저 모래와 돌을 쌓은 다음 그 위에 다시 콘크리트로 제방을 만든다.

• 방파제는 갯둑, 물막잇둑이라고도 한다.

🐱 오늘 배운 방파제 보러 바닷가에 가자.

🐱 그런데 방사제, 방조제라는 말도 있던데 비슷한 뜻이냥?

🐱 방파제의 '파'는 파도를 뜻하잖아. 그럼 방사제에서 '사'는 뭘까?

🐱 알았다, 모래! 그럼 '조'는 조수를 뜻하는구나!

🐱 공부한 보람이 있네. 방사제는 흙이나 모래가 밀려와 바다 깊이가 얕아지는 것을 막기 위한 둑이고, 방조제는 높이 밀려드는 조수의 피해를 막기 위해 바닷가에 쌓은 둑을 말해.

1. 파도를 막기 위하여 항만에 쌓은 둑으로 바다의 센 물결을 막아서 항구를 보호하는 것은?

① 방파제   ② 방긋   ③ 박수   ④ 방울방울

2. 흙이나 모래가 항만으로 밀려와 바다의 깊이가 얕아지는 것을 막기 위한 둑은 (방사제, 방조제)이다.

머라냥의 하루

73

26 변화

사물의 성질, 모양, 상태 따위가 바뀌어 달라짐.

어휘교실

오늘 뭔가 달라 보이는데?

헤어스타일에 변화를 좀 줬어. 어떠냥?

變
변할 **변**

化
될 **화**

교과서 속 어휘찾기

• 지표의 모습이 어떻게 **변화**하고 있는지 조사해 보자.

• 흐르는 물이 흙 언덕의 모습을 **변화**시킨 것처럼, 높은 곳에서 낮은 곳으로 흐르는 물은 땅의 표면을 깎아 돌과 흙 등을 낮은 곳으로 옮겨 쌓이게 한다.

😺 이렇게 햇살이 눈부신 날엔 선글라스를 써야지.

😺 어? 렌즈가 변색됐어.

😺 변색? 아, 색이 변했다고? '변'은 변한다는 뜻의 글자구나.

😺 맞아. 그런데 선글라스 쓰니까 달라 보이는데? 변신 성공!

😺 아하! 색이 변하면 변색, 모습이 변하면 변신! 모두 변화라고 할 수 있는 거네.

1. 사물의 성질, 모양, 상태 따위가 바뀌어 달라짐을 뜻하는 말은?

　① 변화　　　　　② 변신　　　　　③ 변방　　　　　④ 변호

2. 다음 중 '변'의 의미가 <u>다른</u> 것은?

　① 변신　　　　　② 변색　　　　　③ 변질　　　　　④ 변호

괜찮냥의 하루

27 부식물

식물의 뿌리나 줄기, 작은 곤충 등이 오랫동안 썩어서 만들어진 것

膚 썩을 **부**

蝕 좀먹을 **식**

物 만물 **물**

교과서 속 어휘찾기

• 화단 흙을 물에 넣었을 때 물 위에 뜬 물질은 대부분 부식물이다.

• 두 흙이 담긴 비커에 들어 있는 부식물의 양은 어떻게 다른지 알아보자.

부식물과 부식물?

😺 겨울잠 자러 가니? 무슨 부식물을 그렇게 많이 챙겼어?

😺 부식물이라니? 식물의 뿌리나 줄기, 작은 곤충이 오랫동안 썩어서 만들어진 부식물을 내가 챙겼다는 거냥?

😺 하하. 내가 말한 부식물은 주식에 곁들여 먹는 음식을 말하는 거야.

😺 아하, 그런 뜻의 부식물도 있었구나.

1. 식물의 뿌리나 줄기, 작은 곤충 등이 오랫동안 썩어서 만들어진 것은?

① 부동산   ② 부식물   ③ 부러움   ④ 부스러기

2. 부식물에는 주식에 곁들여 먹는 음식이라는 뜻도 있다. (O, X)

알갓냥의 하루

28 상류

강이나 내의 발원지에 가까운 부분

교과서 속 어휘찾기

- 강 상류에서는 강물이 바위를 깎는 등의 침식 작용이 하류보다 활발하게 일어난다.

- 강 상류에서는 폭포나 계곡을, 강 중류에서는 강이 구불구불하게 흐르는 모습을 볼 수 있다.

 **'위, 처음'을 뜻하는 '상'**

내가 아는 '상'은 위를 뜻해. 그럼 상류는 강의 위쪽을 뜻하는 거냥?

'상'은 위를 나타내는 뜻도 있지만 가장 앞이나 처음을 나타내는 의미로도 쓰여. 상류는 강이나 내의 발원지에 가까운 부분이니까, 여기서 '상'은 앞이나 처음의 뜻으로 쓰인 거지.

그렇구나. 그럼 '상'이 '위'를 뜻하는 낱말에는 어떤 게 있어?

음, 해상! 바다 위란 뜻이지. 그리고 지상! 땅 위란 뜻이야.

하하. 그렇게 설명해 주니 금방 이해가 된다.

1. 강이나 내의 발원지에 가까운 부분을 뜻하는 말은 (   )이다.

2. 다음 중 '상'의 의미가 <u>다른</u> 것은?

① 해상   ② 지상   ③ 상공   ④ 상상

머라냥의 하루

29 알갱이

작고 동그랗고 단단한 물질

어휘교실

내가 만든 곡물 라떼야? 마셔 봐.

곡물 라떼에 둥둥 떠 있는 알갱이는 뭐냥?

알갱이는 열매나 곡식 따위의 낱알, 또는 열매나 곡식 따위의 낱말을 세는 단위로도 쓰인다.

교과서 속 어휘찾기

• 바위나 돌이 부서지면 작은 **알갱이**가 되고, 다시 작은 **알갱이**와 부식물이 섞이면 흙이 된다.

• 흙은 장소에 따라 **알갱이**의 크기, 색깔, 만졌을 때의 느낌 등이 다르다.

 **어휘친구** 를 부탁해!

이것 봐. 운동장 흙이 화단 흙보다 알맹이가 훨씬 커.

알맹이가 더 크다고? 하하. 알갱이를 잘못 말한 거겠지.

알갱이? 알맹이? 두 낱말이 다른 거냥?

다르지. 알맹이는 물건의 껍데기나 껍질을 벗기고 남은 속 부분을 말해. 예를 들면, 밤 껍질을 벗기고 나오는 속 부분을 밤 알맹이라고 하지.

아하, 그렇구나. 그럼 다시! 운동장 흙이 화단 흙보다 알갱이가 훨씬 더 커.

 **퀴즈대결**

1. 작고 동그랗고 단단한 물질을 뜻하는 말은?

① 알갱이   ② 알사탕   ③ 알집   ④ 알통

2. 물건의 껍데기나 껍질을 벗기고 남은 속 부분은?

① 알맞다   ② 알맹이   ③ 알집   ④ 알통

모르냥의 하루

81

30 양분

3. 지표의 변화

영양이 되는 성분

 어휘교실

교과서 속 어휘찾기

- 식물의 뿌리나 줄기, 나뭇잎, 죽은 동물 등이 썩어서 만들어지는 부식물은 식물이 잘 자랄 수 있게 도와주는 **양분**이 된다.

- 식물은 흙에서 **양분**과 물을 얻고, 사람을 비롯한 동물은 식물을 먹는다.

82

영양분과 양분은 같은 말?

양분은 영양이 되는 성분이잖아. 그럼 영양분과는 다른 말이냥?

양분은 영양분의 약어야. 약어라는 건 어떤 단어를 원래의 어형보다 간략하게 표시한 말이거든. 준말이라고도 해. 그러니까 영양분과 양분의 의미는 같아.

그럼 양분이라는 말 대신 영양분이라고 써도 되겠네.

그럼!

1. 영양이 되는 성분을 뜻하는 말은?

   ① 양손　　　　　② 양심　　　　　③ 양분　　　　　④ 양치기

2. '양분' 대신 쓸 수 있는 말은?

   ① 영화관　　　　② 영양분　　　　③ 영수증　　　　④ 영문법

예쁘냥의 하루

31 작용

어떠한 현상을 일으키거나 영향을 미침.

어휘교실

어? 새로운 식물을 키우는 거냥?

공기 정화 작용을 하는 식물이라길래 하나 장만했어.

作
지을 **작**

用
쓸 **용**

교과서 속 어휘찾기

• 바닷가에서는 바닷물의 작용으로 만들어진 다양한 지형을 볼 수 있다.

• 바위나 돌은 물, 바람, 식물 등의 작용으로 부서진다.

감기약을 잘못 먹으면 피부가 부어오르는 부작용이 생길 수 있대.

부작용? 작용은 어떠한 현상을 일으키거나 영향을 미치는 거잖아. 감기약을 잘못 먹어서 생기는 것도 어떠한 현상을 일으킨 거니까 작용 아니냥?

부작용은 어떤 일에 부수적으로 일어나는 바람직하지 못한 일이나 좋지 않은 작용을 말해. 감기약을 먹었을 때 피부가 부어오르는 것은 좋지 않은 일이 발생한 것이니까 부작용이라는 말을 쓰는 거지.

 냥냥이와 퀴즈대결

1. 어떠한 현상을 일으키거나 영향을 미침을 뜻하는 말은?

① 작두　　　　② 작심　　　　③ 작전　　　　④ 작용

2. 어떤 일에 부수적으로 일어나는 바람직하지 못한 일은?

① 부둣가　　　　② 부잣집　　　　③ 부작용　　　　④ 부동산

알갓냥의 하루

85

32 지형

땅의 생긴 모양이나 형세

교과서 속 어휘찾기

- 바닷가에 가 보면 신기한 **지형**들을 볼 수 있다. 이 **지형**들은 어떻게 만들어 진 것인지 알아보자.

- 바닷가에서는 오랜 시간에 걸쳐 바닷물의 침식 작용과 퇴적 작용으로 다양한 **지형**이 만들어진다.

아하! 한강이 이렇게 흐르는구나!

지도를 보고 있구나. 여기 이 표시는 뭐냥?

설악산이야. 높이가 같은 지점을 연결한 등고선이 있어서 땅이 얼마나 높은지도 알 수 있어. 여긴 평평한 밭이네.

지도를 보니까 다양한 지형을 파악할 수 있어 좋네.

이렇게 땅의 모양과 여러 사물들을 정확하고 자세히 그린 그림을 지형도라고 해. 다른 지형을 더 찾아볼까?

냥냥이와 퀴즈대결

1. 땅의 생긴 모양이나 형세를 뜻하는 말은 (   )이다.

2. 땅의 모양과 땅 위의 사물을 정확하고 상세하게 그린 지도는?

① 지구본   ② 지구력   ③ 지형도   ④ 지리산

어쩌냥의 하루

33 침식

3. 지표의 변화

비, 하천, 빙하, 바람 따위의 자연 현상이 지표를 깎는 일

 어휘교실

파도의 침식 작용으로 이렇게 된 거래. 신기하지?

浸
담글 **침**

蝕
좀먹을 **식**

교과서 속 어휘찾기

• 지표의 바위나 돌, 흙 등이 깎이는 것을 **침식** 작용이라고 하고, 흙이나 모래, 돌멩이 등이 옮겨지는 것을 운반 작용이라고 한다.

• 물이 흐르면서 언덕의 흙, 모래, 자갈 등을 깎아 내는 것을 **침식** 작용이라고 한다.

이 문제 너무 어려운데, 좀 가르쳐 줄 수 있냥?

이제 스스로 해 보는 게 어때?

침식을 같이 해 온 우리 사이에 이러기냥?

엥? 침식은 비, 하천, 빙하, 바람 따위의 자연 현상이 지표를 깎는 일이라고 배웠는데, 그걸 우리가 언제 함께 했어?

내가 말한 '침식'은 잠잘 침, 먹을 식으로 된 낱말로, '침식을 같이하다'는 가까이에서 함께 생활하는 걸 뜻한다고.

냥냥이와 퀴즈대결

1. 비, 하천, 빙하, 바람 따위의 자연 현상이 지표를 깎는 일을 뜻하는 말은?

① 침구   ② 침낭   ③ 침식   ④ 침대

2. '(   )을 같이한다'는 말은 '가까이에서 함께 생활한다'는 뜻이다.

예쁘냥의 하루

34 평야

기복이 매우 작고, 지표면이 **평평**하고 너른 **들**

어휘교실

저기 끝없이 펼쳐진 땅은 뭐냥?

평야지.

平
평평할 **평**

野
들 **야**

교과서 속 어휘찾기

- 강 주변의 **평야**에서는 쉽게 물을 구할 수 있고, 퇴적 작용으로 쌓인 부식물이 많아서 땅이 기름지므로 곡식을 키우기 좋다.

- 평평하고 넓게 트인 땅을 **평야**라고 하는데, 강 주변의 **평야**는 사람들이 모여 살기에 적당해서 큰 마을이 생기게 된다.

평야는 기복이 매우 작고, 지표면이 평평하며 너른 들이잖아. 이 넓은 땅을 어디에 이용하냥?

평야는 주변에 큰 하천이 있어 물을 구하기 쉽고, 토양이 비옥해서 주로 사람들이 사는 주거지나 농작물을 가꾸는 농경지로 이용해.

그렇구나. 우리나라에도 평야가 있냥?

그럼. 우리나라는 동쪽이 높은 지형이라 주로 서쪽에 평야가 발달해 있어.

 냥냥이와 퀴즈대결

1. 기복이 매우 작고, 지표면이 평평하고 너른 들을 뜻하는 말은?

① 평야 　　　　② 평소 　　　　③ 평면도 　　　　④ 평양

2. 평야는 물을 구하기 쉽고 토양이 비옥해서 주로 사람들이 사는 (　　　)나 농작물을 가꾸는 (　　　)로 이용한다.

괜찮냥의 하루

35 하류

강이나 내의 아래쪽 부분

어휘교실

이번 폭우로 강의 하류에 있는 마을이 물에 잠겼대.

피해가 심각하겠구나.

下 아래 **하**

流 흐를 **류**

교과서 속 어휘찾기

- 강 **하류**에는 모래나 진흙이 많으며, 강폭이 넓고 강의 경사가 완만하다.

- 강 상류에서는 퇴적 작용보다 침식 작용이 활발하게 일어나고, 강 **하류**에서는 침식 작용보다 퇴적 작용이 활발하게 일어난다.

강의 상류에서는 침식 작용, 강의 하류에서는 퇴적 작용이 활발히 일어난대.

강의 상류는 강폭이 좁고 경사가 급해서 바위나 돌, 흙이 깎이는 침식 작용이 일어나는 거고, 작고 고르게 깎인 돌과 흙이 하류로 옮겨져 쌓이니까 하류 쪽은 평평하고 넓은 땅이 되는 거지.

아하, 그 평평하고 넓은 땅이 평야구나!

강의 하류에 평야가 발달하는 이유, 이제 알겠지?

1. 강이나 내의 아래쪽 부분을 뜻하는 말은?

① 하나   ② 하류   ③ 하지   ④ 하남

2. 강의 하류에 평야가 발달하는 이유는 (   ) 작용 때문이다.

모르냥의 하루

깎이다

비 온 뒤에 산의 흙이 깎이고 나무뿌리가 드러난 걸 본 적이 있을 거야. 또, 학교 화단이나 아파트 화단에 무성한 풀이나 잔디가 깎인 걸 본 적도 있지? 이처럼 풀이나 털 따위가 잘리는 걸 '깎이다' 라고 해.

서술어 친구들

비슷한 말   반대말

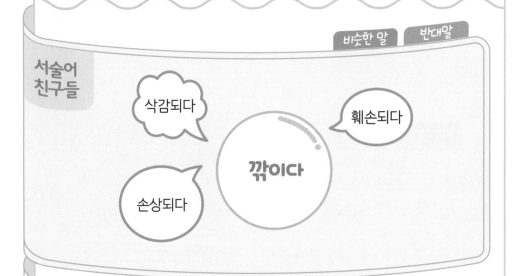

삭감되다

훼손되다

깎이다

손상되다

개념어랑 서술어랑

방파제, 침식 + 깎이다

바다에서 치는 파도는 아주 힘이 세서 커다란 바위가 오랜 시간 파도에 깎여 절벽이 되기도 하고 파도의 침식 작용으로 도로가 무너지기도 해. 그래서 파도를 막아주는 방파제를 설치하는 거야.

오랜 시간 파도가 쳐서 생긴 바위의 모습이야.

다지다

나무나 모종을 심을 때 흙을 누르거나 밟거나 쳐서 단단하게 하는 것을 '다지다'라고 해. 또 신학기를 앞두고 더 훌륭한 사람이 되기 위해 어떤 계획을 세워 실천할 마음을 먹은 적이 있을 거야. 이렇게 마음이나 뜻을 굳게 가다듬을 때에도 '다지다'라는 표현을 써.

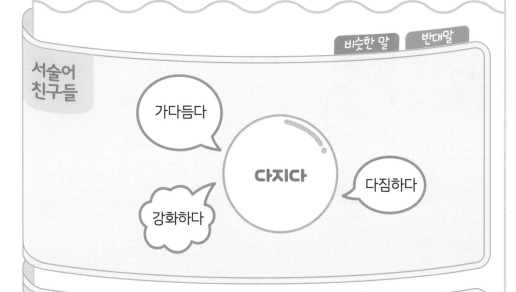

서술어 친구들

비슷한 말   반대말

가다듬다

다지다

강화하다

다짐하다

개념어랑 서술어랑

거름종이, 양분 + 다지다

흙에 물을 붓고 뜨는 물질을 건져 거름종이에 걸러 분석해 보면, 이런 물질들은 식물이 자라는 데 꼭 필요한 양분이라는 것을 알 수 있어. 화단에 꽃을 심어 볼까? 모종을 심고 흙을 잘 다진 후, 물을 주면 쑥쑥 자랄 거야.

모종을 심고 흙을 잘 다져 줘야 해.

토닥   토닥

부서지다

단단한 물체가 깨어져 여러 조각이 나는 것을 '부서지다'라고 해. '바위가 잘게 부서지다'처럼 말이야. 또, 밀려오는 파도가 바위에 부딪쳐 산산이 흩어질 때나 희망이나 기대 따위가 무너질 때도 '부서지다'라는 표현을 써.

서술어 친구들

비슷한 말 | 반대말

무너지다

망가지다

부서지다

부스러지다

개념어랑 서술어랑

상류, 변화, 알갱이, 지형 + 부서지다

흐르는 물은 강 상류의 바위나 돌, 지표를 깎아 운반하며 그 크기를 변화시켜. 오랜 시간 깎이고 부서지면서 바위나 돌은 알갱이가 점점 작아지지. 흐르는 물의 빠르기가 느려지면 하류에서는 퇴적 작용이 일어나. 이렇게 강 주변에서는 다양한 지형을 관찰할 수 있어.

상류에서는 침식 작용이 활발하게 일어나.

완만하다

언덕길이나 산길을 올라본 적 있어? 길이 가파르고 경사가 급한 것 보다 경사가 급하지 않을 때 훨씬 걷기 편하고 숨도 덜 차지. 이렇게 경사가 급하지 않은 것을 '완만하다'라고 해. '비탈길이 완만하다', '산세가 험하지 않고 완만하다'처럼 쓸 수 있어.

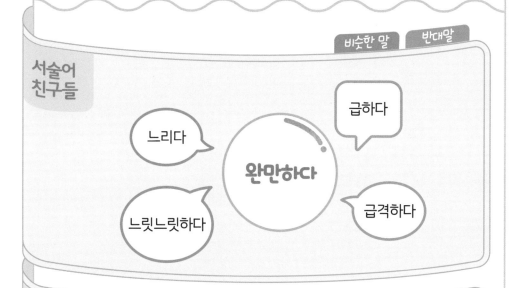

서술어 친구들

비슷한 말 　반대말

느리다

급하다

완만하다

느릿느릿하다

급격하다

개념어랑 서술어랑

강폭, 부식물, 작용, 평야, 하류 + 완만하다

평야는 강물에 의해 운반되어 온 흙이나 모래가 강폭이 넓고 경사가 완만한 강 하류에 쌓여 만들어진 땅이야. 게다가 퇴적 작용으로 쌓인 부식물이 많아서 땅에 양분이 많고 기름지니까 곡식을 키우기에 안성맞춤이지.

길이 완만하니까 산책하기 좋다.

4.

물질의 상태

무엇을 배우나요?

4단원에서는 다양한 관찰 활동과 실험을 통해 물질의 세 가지 상태인 고체, 액체, 기체가 지니는 성질을 배울 거예요. 그리고 이를 바탕으로 우리 주변에서 볼 수 있는 여러 가지 물질을 상태에 따라 고체, 액체, 기체로 분류해 볼 거예요.

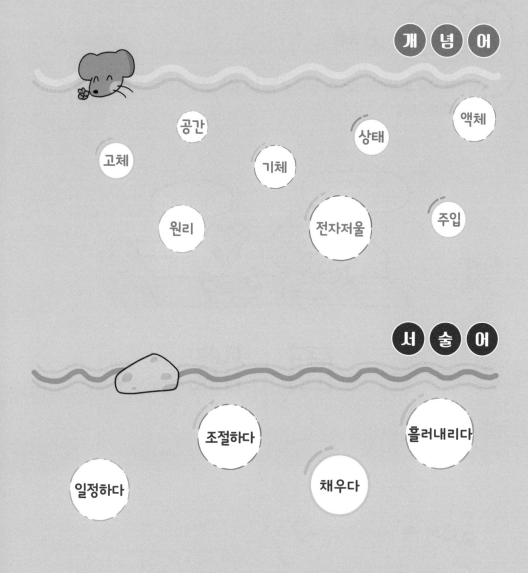

공간

고체

기체

상태

액체

원리

전자저울

주입

조절하다

흘러내리다

일정하다

채우다

36 고체

일정한 모양과 부피가 있으며 쉽게 변형되지 않는 물질의 상태. 나무, 돌, 쇠, 얼음 따위의 상태

어휘교실

이걸 어떻게 먹냥?
완전 딱딱한 고체인데!

일단 씹어 봐.

固
굳을 고

體
몸 체

교과서 속 어휘찾기

• 고체는 일정한 모양과 부피를 가지고 있으며, 담는 그릇에 따라 모양과 부피가 변하지 않는다.

• 집에 있는 책상이나 신발을 만드는 섬유, 그릇을 만드는 흙 등도 고체이다.

고체는 담는 그릇이 바뀌어도 모양과 부피가 변하지 않는 거라고 배웠어. 그럼 밀가루나 소금, 모래 같은 것도 고체냥?

그게 궁금했구나! 당연히 고체지.

그런데 밀가루나 소금, 모래는 담는 그릇에 따라 모양이 변하잖냥.

모양이 변하는 것처럼 보이지만 돋보기로 관찰해 보면 밀가루나 소금, 모래 모두 알갱이 하나하나마다 일정한 모양이 있고 그 모양은 변하지 않아. 그래서 고체인 거야.

 냥냥이와 **퀴즈대결**

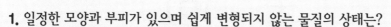

1. 일정한 모양과 부피가 있으며 쉽게 변형되지 않는 물질의 상태는?

① 고체   ② 고집   ③ 고을   ④ 고향

2. 밀가루나 소금, 모래는 고체이다. (O, X)

어쩌냥의 하루

37 공간

아무것도 없는 빈 곳

이쪽은 내 공간이니까 넘어 오지 마.

空 빌 공

間 사이 간

교과서 속 어휘찾기

• 하나의 조각을 여러 가지 모양의 그릇에 넣어도 조각의 모양은 변하지 않는다. 그리고 물체가 차지하는 공간의 크기인 부피도 변하지 않는다.

• 공기는 눈에 보이지 않고 손으로 잡을 수도 없지만 나무토막이나 물처럼 공간을 차지한다.

사이버공간이란 어떤 공간을 뜻하는 거냥?

사이버공간이란 실제 공간이 아니라 인터넷의 가상공간을 말해. 이 공간에서 서로 정보를 공유하고 의사소통을 하는 거지. 예를 들면, 친구들과 자료나 소식을 주고받는 전자 우편, 물건을 사고파는 인터넷 쇼핑몰, 정보를 주고받는 카페 등이 있어.

눈에 보이는 공간은 아니지만 사이버공간도 사람들이 모여 있는 공간이구나.

1. 아무것도 없는 빈 곳을 뜻하는 말은?

① 공기   ② 공터   ③ 공주   ④ 공간

2. 인터넷을 통해 정보를 공유하고 의사소통을 하는 공간을 ( )공간이라고 한다.

머라냥의 하루

38 기체

물질이 나타내는 상태의 하나. 일정한 모양과 부피를 갖지 않고 용기를 채우려는 성질이 있음.

氣 — 기운 **기**

體 — 몸 **체**

교과서 속 어휘찾기

• 공기처럼 담는 용기에 따라 모양이 변하고, 그 공간을 항상 가득 채우는 물질의 상태를 **기체**라고 한다.

• **기체**의 성질은 일상생활에서 사용하는 여러 가지 제품에 활용된다. 액체를 조금씩 덜어 쓸 때 사용하는 스포이트 용기는 **기체**가 이동하는 성질을 활용한 것이다.

고체는 눈에 보이는 물질의 상태니까 무게가 있잖냥. 기체는 거의 눈에 보이지 않는데, 무게가 있을까?

무게가 있지. 학교 교실 안에 있는 공기의 무게는 약 200kg 정도이고 시내버스 안 공기의 무게는 약 120kg이래.

정말? 그 무게가 우리한테 느껴지지 않는 게 신기하다.

1. 일정한 모양과 부피를 갖지 않고 용기를 채우려는 성질이 있는 물질의 상태는?

   ① 기린   ② 기체   ③ 기차   ④ 기도

2. 눈에 보이지 않는 기체는 무게가 (있다, 없다).

알갓냥의 하루

상태

사물 · 현상이 놓여 있는 모양이나 형편

어휘교실

狀 형상 상

態 모양 태

교과서 속 어휘찾기

• 돌은 손으로 잡을 수 있지만 물은 손에서 흘러내린다. 또 공기는 돌, 물과 다르게 눈으로 볼 수 없다. 이처럼 돌, 물, 공기가 다른 특징을 가지고 있는 까닭은 물질의 **상태**가 다르기 때문이다.

• 비눗방울에서는 어떤 **상태**의 물질을 찾을 수 있을지 알아보자.

물체를 이루는 재료는 물질이고 대부분의 물질은 고체, 액체, 기체 상태로 나눌 수 있는 거냥?

맞아. 그런데 물질의 상태는 변하기도 해. 액체인 물을 냉동실에 넣으면 고체인 얼음이 되지? 또, 물을 끓이면 기체인 수증기가 되잖아. 물이라는 물질은 변하지 않지만 상태는 고체, 액체, 기체로 변할 수 있어. 보통은 온도의 영향으로 변하지.

과학은 정말 신기해.

1. 사물·현상이 놓여 있는 모양이나 형편을 뜻하는 말은?

① 상상   ② 상자   ③ 상태   ④ 상장

2. 물질의 상태는 변한다. (O, X)

괜찮냥의 하루

40 액체

일정한 부피는 가졌으나 일정한 형태를 가지지 못한 물질

어휘교실

液 진 **액**

體 몸 **체**

교과서 속 어휘찾기

• **액체**는 담는 그릇에 따라 모양은 변하지만 부피는 변하지 않는다. 액체인 물질에는 주스, 간장, 구강 청정제 등이 있다.

• 잠수함에는 외부 선체와 내부 선체가 있고, 두 선체 사이에는 빈 공간이 있다. 이 빈 공간에 **액체**인 바닷물을 채우면 잠수함이 가라앉고 기체인 공기를 채우면 물 위로 떠오른다.

틀린 거 고치게 수정액 좀 빌려 줄래?

그래. 근데 수정액의 '액' 자는 액체를 뜻하는 거지? 액체를 공부하다 보니 많은 것들이 궁금해지네.

좋은 질문이야. '액'은 물이나 기름처럼 유동하는 물질이야. 그리고 액체를 나타내는 말로도 쓰여. 수정액, 링거액처럼 말이야.

근데 너 어쩌냥 맞냥? 갑자기 똑똑해졌는데?

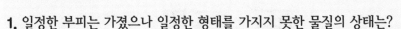

1. 일정한 부피는 가졌으나 일정한 형태를 가지지 못한 물질의 상태는?

　① 액체　　　　　　② 고체　　　　　　③ 기체　　　　　　④ 신체

2. 다음 중 액체를 뜻하는 의미로 쓰인 것이 <u>아닌</u> 것은?

　① 링거액　　　　　② 냉각액　　　　　③ 수정액　　　　　④ 액세서리

예쁘냥의 하루

109

41 원리

4. 물질의 상태

사물의 근본이 되는 이치

교과서 속 어휘찾기

- 단단한 고체로 만들어진 잠수함이 액체인 바닷속으로 잠수하는 것은 어떤 **원리**인지 알아보자.

- 공기 청정기의 **원리**는 공기 중에 더러운 오염 물질이나 미세먼지를 빨아들여 필터를 통해 나쁜 물질들을 걸러 낸 후 다시 깨끗한 공기를 방출하는 것이다.

110

사물의 근본이 되는 이치라는 뜻의 '원리'는 냉장고의 원리, 선풍기의 원리, 자동차의 원리처럼 사용할 수 있어.

'원리'는 어떤 행위의 규범, 즉, 법칙 가운데에서도 가장 근본적인 것을 뜻하는 의미로도 쓰여. 예를 들어 다수결의 원리, 민주주의 원리처럼 말이야.

음, 사물의 근본이냐, 행위의 근본이냐 그 차이네.

 냥냥이와 퀴즈대결

1. 사물의 근본이 되는 이치를 뜻하는 말은?

① 원리　　　　② 원래　　　　③ 원망　　　　④ 원수

2. 다음 중 어떤 행위의 근본적인 규범, 법칙을 뜻하는 '원리'가 <u>아닌</u> 것은?

① 민주주의 원리　　　　　　② 다수결의 원리

③ 자동차의 원리　　　　　　④ 질서의 원리

어쩌냥의 하루

42 전자저울

전자식 장치를 이용하여 저울판 위에 올려놓은 상품의 무게와 가격이 숫자로 표시
되는 저울

어휘교실

감자 무게를
달아볼까?

채소류 전용
전자저울

電	子	저울
번개 **전**	아들 **자**	

교과서 속 어휘찾기

- 전자저울을 평평한 곳에 올려놓고 전원 단추를 누른 후, 영점 단추를 눌러
  영점을 맞춘다. 그 다음에 물체를 올려놓고 무게를 확인한다.
- 병 입구에 공기 압축 마개를 끼운 페트병의 무게를 전자저울로 측정해 보자.

112

😺 전자식 장치를 이용하는 것에는 '전자'라는 말을 붙여.

😺 전자식 장치를 이용해서 상품의 무게와 가격을 측정하는 저울을 전자저울이라고 하는 것처럼 말이지?

😺 맞아. 집에서 많이 사용하는 전자레인지, 사용자의 위치를 추적할 수 있는 장치가 내장된 전자 발찌, 그리고 전자 피아노, 전자시계 등이 있지.

😺 전자식 장치는 생활 속에서 여러 가지로 사용되고 있구나.

1. 전자식 장치를 이용하여 저울판 위에 올려놓은 상품의 무게와 가격이 숫자로 표시되는 저울을 (   )이라고 한다.

2. 다음 중 '전자'의 의미가 <u>다른</u> 것은?

　　① 전자시계　　　② 전자 피아노　　　③ 전자저울　　　④ 전자 후자

머라냥의 하루

43 주입

흘러 들어가도록 부어 넣음.

교과서 속 어휘찾기

• 공기 주입 마개를 이용해 공기를 더 채운 페트병이 처음 페트병보다 더 무거운 것은 공기도 무게가 있기 때문이다.

• 찌그러진 축구공에 공기를 주입하면 무게가 늘어난다.

 를 부탁해!

공기를 주입하거나 주사약을 주입할 때 주입이란 말을 쓰는 거 맞지?

맞아. 그런데 다른 뜻도 있어. 기억과 암기를 통해 지식을 넣는 것도 주입이라고 해. 일단 외워서 기계적으로 받아들이도록 하는 방법을 말하지.

아하, 주입식 교육이라는 말 들어본 것 같아. 이해하지 않고 무작정 외우도록 하는 게 좋은 방법일까?

글쎄, 그건 조금 생각해 볼 문제인 것 같아.

 냥냥이와 퀴즈대결

1. 흘러 들어가도록 부어 넣는다는 뜻을 지닌 말은?

① 주차   ② 주입   ③ 주인   ④ 주사

2. '주입'은 기억과 암기를 통해 (   )을 넣어 주는 것이라는 뜻도 가지고 있다.

예쁘냥의 하루

일정하다

우리가 다니는 학교 건물을 보면 창문 크기가 일정하지? 또, 우리가 등교하고 하교하는 시간도 일정해. 이처럼 어떤 것의 크기, 모양, 범위, 시간 따위가 하나로 정해져 있을 때나 양, 성질, 상태, 계획 따위가 달라지지 않고 한결같을 때, '일정하다'라는 표현을 써.

서술어 친구들

비슷한 말　반대말

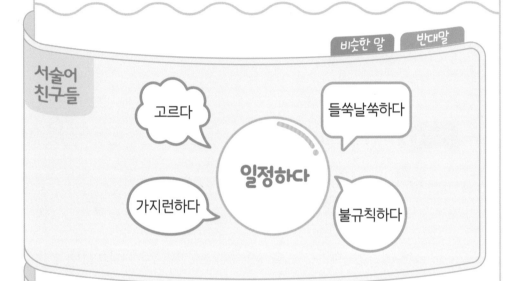

고르다

들쑥날쑥하다

가지런하다

일정하다

불규칙하다

개념어랑 서술어랑

고체, 공간, 상태 + 일정하다

연필을 헝겊 필통에도 넣어보고 플라스틱 필통에 넣어봐도 모양이 변하지 않지? 차지하는 공간도 변하지 않아. 이렇게 모양과 부피가 일정하고 어디에 담아도 모양과 부피가 변하지 않는 상태의 물질을 고체라고 해.

일정한 간격으로 놓아야 해.

읏차!

조절하다

신나게 달리고 나서 숨이 차서 호흡을 조절해 본 적 있지? '조절하다'는 균형이 맞게 바로 잡거나 적당하게 맞추어 나간다는 뜻이야.
예를 들면, '실내 온도를 알맞게 조절하다', '내 키에 맞게 의자 높이를 조절하다', '자전거 속도를 조절하다'처럼 말이야.

비슷한 말   반대말

서술어 친구들

조절하다

맞추다

개념어랑 서술어랑

기체, 액체, 원리 + 조절하다

잠수함은 어떤 원리로 떠 있기도 하고 잠수하기도 하는 걸까? 잠수함의 탱크에 액체인 바닷물을 채우면 가라앉고 기체인 공기를 채우면 떠오른다고 해. 잠수함을 움직이려면 이 과정을 잘 조절해야 할 것 같아.

체중 조절 중이야.

채우다

슈퍼마켓에 가면 장바구니를 무엇으로 가득 채우고 싶어? 과자? 장난감? 상상만 해도 행복하지? 일정한 공간에 사람, 사물, 냄새 따위를 가득하게 하는 것을 '채우다'라고 해. 또 자물쇠로 잠가서 문이나 서랍 따위를 열지 못하게 하거나 단추 등을 잠글 때도 '채우다'라는 표현을 쓸 수 있어.

서술어 친구들

비슷한 말 | 반대말

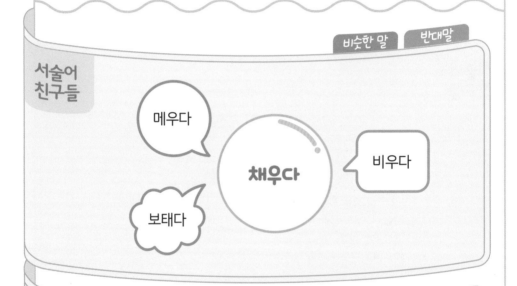

메우다

보태다

채우다

비우다

개념어랑 서술어랑

주입 + 채우다

물놀이할 때 튜브에 공기를 주입하면 기체가 튜브를 가득 채워 빵빵해지지. 그 덕분에 우린 물에 뜰 수 있어. 또, 자동차가 물체와 충돌하는 순간 에어백이 빠르게 부풀어 올라 충격을 흡수해 주지. 기체 덕분에 좋은 점이 많네.

물놀이엔 역시 튜브지.

흘러내리다

'흘러내리다'는 물 따위가 높은 곳에서 낮은 곳으로 흐르거나 떨어지는 것을 뜻해. 또한 '바지가 자꾸 흘러내린다', '흘러내리는 안경'처럼 맨 것이 풀리거나 느슨해져서 아래로 미끄러지듯 떨어진다는 뜻으로도 쓰여.

비슷한 말 　 반대말

서술어 친구들

흐르다　　흘러내리다　　벗겨지다

개념어랑 서술어랑

전자저울 + 흘러내리다

고체와 액체는 눈으로 볼 수 있지만 기체는 볼 수가 없지. 액체는 흘러내려서 손으로 잡을 수가 없고 기체도 잡을 수가 없지만 고체는 잡을 수 있어. 이러한 고체, 액체, 기체는 전자저울로 무게를 측정해 보면 모두 무게가 있다는 것을 알 수 있어.

무게가 850g이네.

5.

소리의 성질

무엇을 배우나요?

5단원에서는 주위에서 소리를 내는 여러 가지 물체를 관찰하고 소리가 물체의 떨림에 의해 만들어지는 것을 공부할 거예요. 또한 세기나 높낮이가 다른 소리를 직접 만들어 보고, 소리가 전달되거나 반사되는 현상을 관찰한 다음, 소리에 대한 이해를 바탕으로 일상생활에서 소음을 줄이는 방법도 알아볼 거예요.

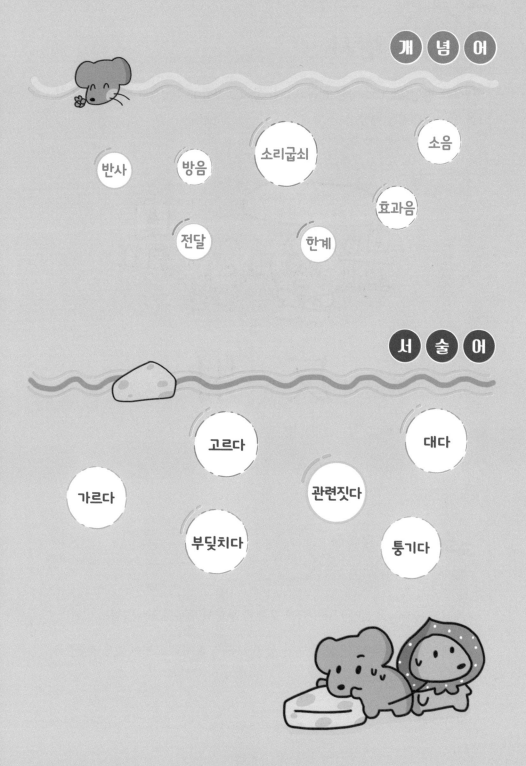

44 반사

일정한 방향으로 나아가던 파동이 다른 물체의 표면에 부딪쳐서 나아가던 방향을 반대로 바꾸는 현상

어휘교실

反 돌이킬 **반**

射 쏠 **사**

교과서 속 어휘찾기

• 소리의 반사는 소리가 나아가다가 물체에 부딪쳐 되돌아오는 성질을 말한다.

• 물체의 표면이 딱딱할수록 소리가 잘 반사되고 물체의 표면이 부드러울수록 잘 반사되지 않는다.

우리가 물체의 색깔을 볼 수 있는 건 물체에서 빛이 반사되기 때문이라는데 그게 무슨 말이냥?

물체가 햇빛에서 나오는 빛을 모두 반사하지 않고 일부만 반사하는 거지. 예를 들면, 나뭇잎은 초록색 빛만 반사하고 나머지 빛들은 흡수하는 거야. 그래서 우리 눈에 초록색으로 보이는 거지.

와, 신기하다.

1. 일정한 방향으로 나아가던 파동이 다른 물체의 표면에 부딪쳐서 나아가던 방향을 반대로 바꾸는 현상은?

① 약사   ② 수사   ③ 반사   ④ 망사

2. 우리가 물체의 색깔을 볼 수 있는 것은 물체에서 빛이 반사되기 때문이다.

(O, X)

모르냥의 하루

45 방음

안의 소리가 밖으로 새어 나가거나 밖의 소리가 안으로 들어오지 못하도록 막음.

어휘교실

교과서 속 어휘찾기

- 방음벽을 설치하면 도로에서 생기는 시끄러운 소리를 반사하여 소음을 줄일 수 있다.

- 소음을 줄이려면 소리의 세기를 줄이거나 방음벽을 설치하여 소리가 잘 전달 되지 않도록 해야 한다.

 **를 부탁해!**

방음, 차음은 비슷한 말

도로에 설치된 방음벽을 보고 부모님께서 차음벽이라고 말씀하시는 걸 들었어. 방음과 차음, 같은 말인 거냥?

응, 방음과 차음은 비슷한 뜻을 지닌 말이야. 한자를 살펴보면 방음은 막을 방, 소리 음으로 '소리를 막는다'는 뜻이지. 차음은 가릴 차, 소리 음으로 '소리를 가린다'라는 뜻이고.

아하!

1. 안의 소리가 밖으로 새어 나가거나 밖의 소리가 안으로 들어오지 못하도록 막는다는 뜻을 가진 말은 (   )이다.

2. 다음 중 '방음'과 비슷한 뜻을 지닌 말은?

   ① 고음   ② 저음   ③ 마음   ④ 차음

괜찬냥의 하루

46 소리굽쇠

일정한 진동수의 소리를 내는 기구

 어휘교실

오늘 준비물이 뭐였더라?

진동수 실험을 위한 소리굽쇠를 가지고 오라셨잖냥.

소리굽쇠는 'U' 자형 강철 막대의 구부러진 부분에 자루를 달아
상자 위에 붙여서 만드는데, 두드리면 일정한 진동수의 소리를 낸다.
음향 측정, 악기의 조율 따위에 쓴다.

교과서 속 어휘찾기

- 소리가 나는 트라이앵글이나 **소리굽쇠**에 손을 대면 떨림이 느껴진다. 이처럼 물체가 떨리면 소리가 나는 것이다.

- 고무망치로 **소리굽쇠**를 치기 전과 후, **소리굽쇠**에 손을 대어 본 느낌을 비교해 보자.

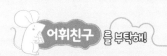
일정한 진동수의 소리를 내어 음향을 측정하거나 악기를 조율할 때 쓰는 소리 기구가 뭔지 알고 있냥?

알지. 음차야.

응? 난 소리굽쇠라고 알고 있는데? 음차는 뭐냥?

음차와 소리굽쇠는 비슷한 말이야. 소리굽쇠가 두 갈래로 된 쇠막대 모양이잖아. 그래서 사물의 갈라진 부분을 뜻하는 '차'에, 소리 '음'을 써서 음차라고 하는 거지.

1. 일정한 진동수의 소리를 내는 기구는?

① 소리굽쇠 　　② 구두쇠 　　③ 자물쇠 　　④ 고로쇠

2. 다음 중 소리굽쇠와 비슷한 뜻을 지닌 말은?

① 마차 　　② 음차 　　③ 자동차 　　④ 세차

알갓냥의 하루

소리굽쇠를 고무망치로 친 후 물에 대 봤어?

응, 물이 튀어 올라 깜짝 놀랐어.

떨림 때문에 그런 거지?

오! 오늘 과학 시간에는 공부를 한 거냥? 해가 서쪽에서 뜨겠는걸?

소음

불규칙하게 뒤섞여 불쾌하고 시끄러운 소리

 어휘교실

騷
떠들 **소**

音
소리 **음**

교과서 속 어휘찾기

- 같은 소리라도 어떤 사람에게는 듣기 좋은 소리이지만 다른 사람에게는 듣기 싫고 불쾌감을 주는 소리일 수 있는데, 이와 같이 듣기 싫은 소리를 **소음**이라고 한다.

- 우리 주변에는 여러 가지 소음이 있는데, 소리의 세기를 줄이거나 소리가 잘 전달되지 않도록 하여 소음을 줄일 수 있다.

 어휘친구 를 부탁해! **소음도 공해?**

🐱 자동차의 매연, 다양한 쓰레기 등으로 동물이나 사람이 피해를 입고 자연환경 이 파괴되는 것을 공해라고 하잖아. 그런데 소음도 공해라는 거 아냥?

🐱 소음이 공해라고?

🐱 응, 불쾌하고 시끄러운 소리인 소음에 지속적으로 노출되면 사람은 집중력이 떨어지고 두통에 시달리게 돼. 동물의 경우는 스트레스를 받아 짝짓기나 산 란, 같은 무리끼리 의사소통에 어려움을 겪기도 하고.

🐱 그렇구나. 소음도 공해가 맞네.

 냥냥이와 **퀴즈대결**

1. 불규칙하게 뒤섞여 불쾌하고 시끄러운 소리를 뜻하는 말은?

① 소금   ② 소음   ③ 소란   ④ 소장

2. 소음에 지속적으로 노출되면 사람은 (　　　)이 떨어지고 두통에 시달리게 된 다. 또한 동물은 스트레스를 받아 짝짓기나 산란, 같은 무리끼리 (　　　)에 어 려움을 겪기도 한다.

머라냥의 하루

48 전달

지시, 명령, 물품 따위를 다른 사람이나 기관에 전하여 이르게 함.

어휘교실

이걸 왜 나에게 주는 거냥?

옆 반 친구가 너에게 전달해 달래.

傳 전할 **전**

達 통달할 **달**

교과서 속 어휘찾기

- 소리는 물질을 통해 전달되는데, 물체에서 나는 소리가 전달되기 위해서는 기체, 고체, 액체의 물질이 필요하다.

- 실 전화기의 한쪽 종이컵에 입을 대고 소리를 내면 실이 진동하면서 소리가 전달되어 다른 쪽에서 소리를 들을 수 있다.

🐱 멀리 떨어져 있는 친구에게 할 말이 있을 때, 잘 전달되게 하는 방법에는 뭐가 있겠냥?

😼 물체가 진동하면 그 주위에 있던 공기에 진동이 전달되고, 이런 진동이 우리 귀에 들어와 소리를 듣는 거야. 이때, 소리가 나는 물체에 원기둥 모양의 관을 대면 소리가 퍼지지 않고 모여서 한 방향으로 나아가기 때문에 소리를 보다 멀리까지 잘 전달할 수 있어.

🐱 아하, 그래서 손을 모아 입에 대고 소리치는 거구나?

냥냥이와 퀴즈대결

1. 지시, 명령, 물품 따위를 다른 사람이나 기관에 전하여 이르게 하는 것을 (　　　　) 이라고 한다.

2. 소리가 퍼지지 않고 모여서 한 방향으로 나아가게 하려면, 소리가 나는 물체에 (　　　　) 모양의 관을 대면 된다.

예쁜냥의 하루

한계

사물이나 능력, 책임 따위가 실제 작용할 수 있는 범위. 또는 그런 범위를 나타내는 선

어휘교실

아이고, 난 더는 못하겠어. 점점 체력의 한계가 느껴져.

限
한계 **한**

界
경계 **계**

교과서 속 어휘찾기

• 소리를 전기 자극으로 바꾸는 기술을 이용하면 소리를 잘 들을 수 없는 장애를 가진 사람들도 들을 수 있다. 그러나 아직까지 소리의 높낮이를 구분하는 데에는 **한계**가 있다.

• 소리의 전달을 막는 것만으로 소음을 줄이는 데에는 **한계**가 있다.

 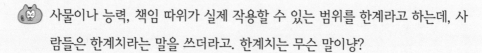

한계와 한계치

😺 사물이나 능력, 책임 따위가 실제 작용할 수 있는 범위를 한계라고 하는데, 사람들은 한계치라는 말을 쓰더라고. 한계치는 무슨 말이냥?

😼 한계치의 '치'는 한자로 값, 또는 값어치를 뜻해. 그래서 한계치라는 건 '사물이나 능력, 책임 따위가 실제 작용할 수 있는 범위의 값'을 말해. 예를 들면, 어떤 건물이 수용할 수 있는 인원의 한계치라는 건 그 건물에 들어올 수 있는 사람의 수를 말하는 거지.

1. 사물이나 능력, 책임 따위가 실제 작용할 수 있는 범위를 뜻하는 말은?

① 사계　　　② 한계　　　③ 소계　　　④ 가계

2. 한계치의 '치'가 뜻하는 것은?

① 값어치　　　② 치아　　　③ 치료　　　④ 책임

어쩌냥의 하루

50 효과음

장면의 실감을 더하기 위하여 넣는 소리

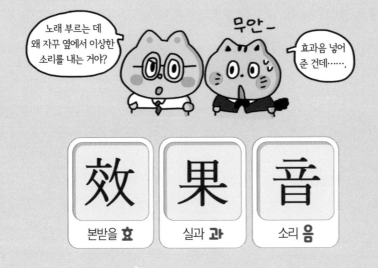

어휘교실

效 본받을 **효** 果 실과 **과** 音 소리 **음**

교과서 속 어휘찾기

- 영화 속에서 사람 목소리와 음악을 제외한 파도 소리, 말 달리는 소리, 갈대 소리 등의 모든 소리를 **효과음**이라고 한다.

- 진짜보다 더 진짜 같은 영화 속 **효과음**은 어떻게 만드는지 알아보자.

효과음을 만드는 사람, 폴리아티스트

영화, 연극, 게임 등에서 장면을 더욱 실감나게 해 주는 효과음은 누가 어떻게 만드는 거냥?

효과음을 만드는 사람을 폴리아티스트라고 해. 폴리아티스트가 되려면 여러 가지 소리를 경험하고 기억하는 습관이 필요하고, 상상력과 창의력이 뛰어나야 해. 효과음은 정말 다양한 물건을 이용해서 만들어 내거든.

그런 직업이 있구나!

1. 장면의 실감을 더하기 위하여 넣는 소리는?

① 효과음   ② 효과적   ③ 소음   ④ 방음

2. 효과음을 만드는 사람을 (   )라고 한다.

머라냥의 하루

가르다

배가 물살을 가르며 나아갔다, 비행기가 허공을 가르며 날아올랐
다는 표현에서처럼 물체가 공기나 물을 양옆으로 열며 움직이는 것을
'가르다'라고 해. 또, 쪼개거나 나누어 따로따로 되게 한다는 뜻도
있지. 편을 가른다, 과자를 갈라 먹었다는 것처럼 말이야.

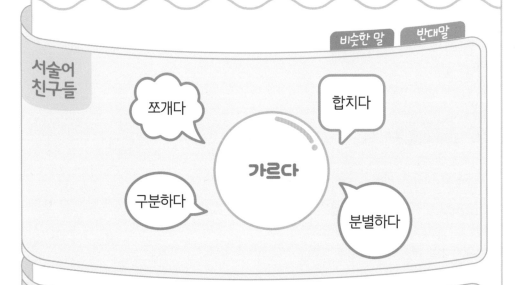

**서술어
친구들**

비슷한 말　반대말

쪼개다

합치다

가르다

구분하다

분별하다

**개념어랑
서술어랑**

효과음 + 가르다

여러 가지 **효과음**을 어떻게 만드는지 알아볼까? 독수리
가 바람을 가르며 하늘을 나는 소리는 자연에서 부는 바
람 소리를 직접 녹음해. 반면에 파도가 치는 소리는 자갈
과 모래를 통 안에 넣고 굴리면서 만든단다.

이렇게 효과음을
녹음해.

도르르
챙!
철썩!

고르다

웃을 때 치아가 반듯한 사람을 본 적이 있지? 또, 잠든 사람을 보면 들숨과 날숨이 일정하지? 여럿이 다 높낮이, 크기, 양 따위의 차이가 없이 한결같거나 상태가 정상적으로 순조로운 것을 '고르다'라고 해.

비슷한 말　　반대말

서술어 친구들

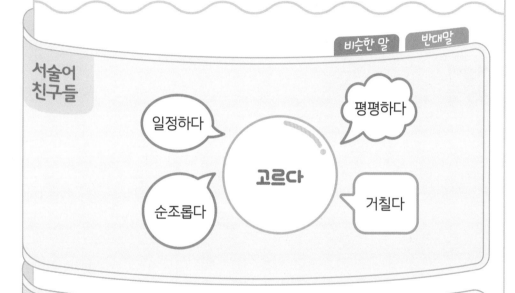

일정하다

평평하다

고르다

순조롭다

거칠다

개념어랑 서술어랑

반사 + 고르다

어제 길에서 연예인이 광고 촬영하는 걸 봤어. 너무 신기했어. 카메라도 많고, 조명도 많았는데, 커다란 달덩이 같은 반사판이 조명을 고르게 반사시켜서 연예인의 얼굴을 더욱 빛나게 해 주더라고.

반사판이 더 있어야 하는 거 아니냥?

관련짓다

동물들은 저마다 다양한 생김새와 특징을 지니고 있어. 동물들이 살아가는 환경과 관련지어 생각해 보면 이해하기 쉽지. 둘 이상의 사람, 사물, 현상 따위가 서로 관계를 맺게 하는 것을 '관련짓다'라고 해.

서술어 친구들

비슷한 말 　 반대말

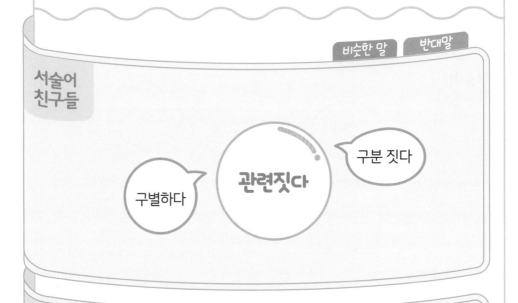

구별하다 　 **관련짓다** 　 구분 짓다

개념어랑 서술어랑

소음, 한계 + 관련짓다

소리의 성질과 관련지어 소음을 줄이는 방법을 생각해 볼까? 자동차 소음은 방음벽을 설치해서 막기도 하지만 방음벽만으로는 한계가 있어. 이중창을 설치하면 시끄러운 소리가 안으로 잘 전달되지 않아서 효과적이지.

방음벽을 설치하니 소음이 좀 덜 들리긴 해.

대다

소라 껍데기를 귀에 대고 소리를 들어 본 적 있어? 우리가 매일 사용하는 핸드폰으로 상대방과 통화를 하려면 전화기를 귀에 대야 하지? 이렇게 무엇을 어디에 닿게 하는 것을 '대다'라고 해.

비슷한 말　　반대말

서술어 친구들

붙이다

떼다

대다

접하다

개념어랑 서술어랑

소리굽쇠 + 대다

'아' 소리를 내면서 목에 손을 대 보면 떨림이 느껴질 거야. 소리가 나는 트라이앵글과 **소리굽쇠**에 손을 대 보아도 떨림이 느껴지지. 이걸 통해 소리가 나는 물체는 떨림이 있다는 것을 알 수 있어.

이렇게 소리를 느껴.

냥냥이의 **서술어 충전소**

부딪치다

'부딪치다'는 무엇과 무엇이 힘 있게 마주 닿거나 마주 댄다는 뜻을 가진 '부딪다'를 강조하여 이르는 말이야. 예를 들면, 한눈을 팔다가 모퉁이에 머리를 부딪쳤다거나 친구들과 손바닥을 부딪치며 신나게 노래를 불렀다 등으로 쓰여.

서술어 친구들

비슷한 말 반대말

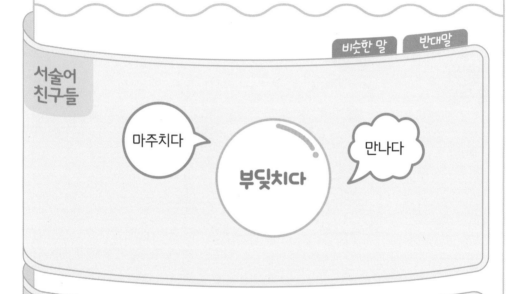

마주치다

부딪치다

만나다

개념어랑 서술어랑

전달 + 부딪치다

소리는 기체나 액체, 고체를 통해 **전달돼**. 전달되어 나아가다가 물체에 부딪치면 방향을 바꾸어 되돌아 와. 동굴에서 친구를 부르면 잠시 뒤 그 소리가 다시 들려. 나아가던 소리가 물체에 부딪쳐 방향을 바꾸었기 때문이야.

퉁기다

기타나 바이올린, 하프 같은 악기의 공통점은 모두 줄이 있다는 것! 한자로 '줄 현'자를 써서 현악기라고 해. 이렇게 줄이 있는 악기들의 현을 당겼다 놓아서 소리가 나게 하는 것을 '퉁기다'라고 해.

비슷한 말   반대말

서술어 친구들

튕기다   퉁기다

개념어랑 서술어랑

방음 + 퉁기다

음악실에 있는 악기들 중 북이나 장구는 쳐서 소리를 내고, 기타나 우쿨렐레는 현을 퉁겨서 소리를 내지. 단소나 리코더처럼 부는 악기도 있어. 이런 악기들을 연주하려면 음악실의 **방음**이 아주 잘 되어 있어야 해.

고기를 잡으러 바다로 갈까나.

01	결과	1. ①	2. ④
02	문제	1. ④	2. 궁금
03	발표	1. ③	2. 표발
04	실행	1. ②	2. 실시
05	주의	1. ①	2. 주의
06	극지방	1. ②	2. 생김새
07	모방	1. ④	2. ①
08	물갈퀴	1. ①	2. 헤엄, 잠수
09	발굽	1. ②	2. 충격
10	빨판	1. ③	2. ②
11	보온	1. ②	2. 보냉(랭)
12	보호	1. ①	2. 과잉
13	비늘	1. ④	2. 비늘
14	생김새	1. ③	2. ④
15	생활 방식	1. ②	2. ④
16	야생	1. 야생	2. ①
17	영향	1. ③	2. ①
18	잠수	1. ②	2. 직업
19	증강 현실	1. ④	2. ×
20	촉수	1. ①	2. 별
21	특징	1. 특징	2. ③
22	파괴	1. ③	2. ④
23	강폭	1. ①	2. 넓다
24	거름종이	1. ④	2. ②
25	방파제	1. ①	2. 방사제

26	변화	**1.** ①	**2.** ④
27	부식물	**1.** ②	**2.** ○
28	상류	**1.** 상류	**2.** ④
29	알갱이	**1.** ①	**2.** ②
30	양분	**1.** ③	**2.** ②
31	작용	**1.** ④	**2.** ③
32	지형	**1.** 지형	**2.** ③
33	침식	**1.** ③	**2.** 침식
34	평야	**1.** ①	**2.** 주거지, 농경지
35	하류	**1.** ②	**2.** 퇴적
36	고체	**1.** ①	**2.** ○
37	공간	**1.** ④	**2.** 사이버
38	기체	**1.** ②	**2.** 있다
39	상태	**1.** ③	**2.** ○
40	액체	**1.** ①	**2.** ④
41	원리	**1.** ①	**2.** ③
42	전자저울	**1.** 전자저울	**2.** ④
43	주입	**1.** ②	**2.** 지식
44	반사	**1.** ③	**2.** ○
45	방음	**1.** 방음	**2.** ④
46	소리굽쇠	**1.** ①	**2.** ②
47	소음	**1.** ②	**2.** 집중력, 의사소통
48	전달	**1.** 전달	**2.** 원기둥
49	한계	**1.** ②	**2.** ①
50	효과음	**1.** ①	**2.** 폴리아티스트

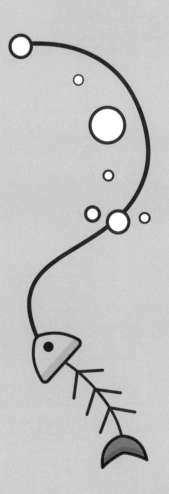

1판 1쇄 펴냄 | 2023년 8월 25일

기   획 | 이은경
글 | 이은경·정명숙
그   림 | 김재희
발행인 | 김병준
편   집 | 이현주·박유진
마케팅 | 김유정·차현지
디자인 | 김용호·권성민
발행처 | 상상아카데미

등록 | 2010. 3. 11. 제313-2010-77호
주소 | 서울시 마포구 독막로 6길 11(합정동), 우대빌딩 2, 3층
전화 | 02-6953-8343(편집), 02-6925-4188(영업)
팩스 | 02-6925-4182
전자우편 | main@sangsangaca.com
홈페이지 | http://sangsangaca.com

ISBN 979-11-85402-92-5 (64080)